Le Québécois...

pour mieux voyager

Guides de voyage

ULYSSE

Le plaisir de **mieux voyager**

Recherche et rédaction Pierre Corbeil	*Metteure en pages* Isabelle Lalonde	*Directeur artistique* Patrick Farei (Atoll)
Directrice de production Pascale Couture	*Collaboration* Claude Morneau	*Photographe* *1re de couverture* Nino Mascardi (Image Bank)
Correcteur Pierre Daveluy	*Infographiste* André Duschene	

NOS DISTRIBUTEURS

Canada : Guides de voyage Ulysse, 4176, rue St-Denis, Montréal (Québec) H2W 2M5, ☎(514) 843-9882, poste 2232, ☎1-800-748-9171, fax : (514) 843-9448, www.guidesulysse.com, info@ulysse.ca

États-Unis : Distribooks, 8120 N. Ridgeway, Skokie, IL 60076-2911, ☎(847) 676-1596, fax : (847) 676-1195

Belgique : Presses de Belgique, 117, boulevard de l'Europe, 1301 Wavre, ☎(010) 42 03 30, fax : (010) 42 03 52

France : Vivendi, 3, allée de la Seine, 94854 Ivry-sur-Seine Cedex, ☎01 49 59 10 10, fax : 01 49 59 10 72

Espagne : Altaïr, Balmes 69, E-08007 Barcelona, ☎(3) 323-3062, fax : (3) 451-2559

Italie : Centro cartografico Del Riccio, Via di Soffiano 164/A, 50143 Firenze, ☎(055) 71 33 33, fax : (055) 71 63 50

Suisse : Havas Services Suisse, ☎(26) 460 80 60, fax : (26) 460 80 68

Pour tout autre pays, contactez les Guides de voyage Ulysse (Montréal).
Données de catalogage avant publication (Canada) (voir p 4).

© Guides de voyage Ulysse inc.
Tous droits réservés
Bibliothèque nationale du Québec
Dépôt légal - Deuxième trimestre 2001
ISBN 2-89464-663-1

SOMMAIRE

Données de catalogage avant publication (Canada)

Vedette principale au titre :

Le Québécois pour mieux voyager

    2e édition

    (Guide de conversation Ulysse)
    Comprend un index

    ISBN 2-89464-663-1

1. Français (Langue) - Régionalismes - Québec (Province).
2. Français (Langue) - Vocabulaires et manuels de conversa-
tion. I. Collection.

PC3645.Q8 Q42 2001   447'.9714   C2001940802-1

Ah, la couleur locale... y a qu'ça de vrai! À tout le moins ajoute-t-elle considérablement au plaisir de voyager. Et cette notion vaut même pour les destinations dont l'exotisme naturel n'est pas le plus grand apanage, voire pour celles où l'on parle la même langue que chez soi... quoique avec des accents et des tournures qui évoqueraient plutôt des images d'antipodes. C'est le cas notamment du Québec, le plus vaste territoire francophone à s'être développé à la surface du globe.

D'entrée de jeu, il convient de démythifier le caractère purement folklorique du français québécois, que certaines écoles ont même voulu reléguer au rang de sous-produit «dénaturé» de la langue mère. Il s'agit en effet d'un français à part entière, différent à plus d'un égard, certes, de son homologue européen, tant par certains éléments de son vocabulaire que par sa sonorité particulière, mais tout de même d'un français intégral et intègre. Ainsi la langue de Michel Tremblay, Félix Leclerc et Gabrielle Roy n'est-elle autre que celle de Molière, Brel et Sagan. Ils n'emploient pas forcément les mêmes mots, ils ne construisent pas toujours leurs phrases sur les mêmes modèles, et leurs modes d'expression présentent des divergences indiscutables, aussi bien par leur forme que par leur ton et leur charge affective, mais ils n'en parlent et écrivent pas moins tous le français, un français riche et nuancé aux résonances par ailleurs de plus en plus universelles.

C'est que, voyez-vous, la langue est vivante, et elle se transforme capricieusement au gré des latitudes. Pour nous en convaincre, rappelons-nous qu'il suffit n'importe où – et même à l'intérieur de l'Hexagone – de parcourir quelques dizaines de kilomètres pour découvrir des mots et des sons parfois fort différents de ceux dont on a l'habitude. À plus forte raison lorsqu'on franchit de plus grandes distances ou qu'on se rend dans d'autres pays de la Francophonie! Et pourtant il s'agit bien toujours de français. Qui osera donc aujourd'hui, à l'aube du XXIe siècle, à l'ère des grandes mouvances internationales et des télécommunications instantanées, prétendre que le «vrai» français est celui de Paris, de Marseille, de Bruxelles, de Genève, de Montréal ou d'ailleurs, et que le reste du monde francophone doit s'y conformer en tous points sous peine d'hérésie?

Les diverses réalités francophones correspondent à autant de cultures solidement implantées de longue date, et aucune d'elles ne s'assimilera jamais complètement à aucune autre. Chacune possède d'ailleurs son histoire propre et évolue à son rythme sous le fait d'influences diverses, tantôt géopolitiques, tantôt socio-économiques ou autres. Plutôt que de s'en formaliser, dans un univers où, de toute façon, les règles d'usage évoluent à une vitesse sans précédent et où les mots étrangers se multiplient allègrement dans le parler de tous les jours, pourquoi ne pas simplement élargir son esprit et accueillir à bras ouverts le français d'ailleurs?

Du reste, vous aurez la surprise de constater que le québécois de tous les jours, qu'il s'agisse de la langue du travail, de la langue du tourisme ou de la langue des médias, ne diffère pas tant que ça du français dont vous avez l'habitude. Vos incursions dans le cinéma, la chanson ou la littérature québécoise vous incitent sans doute à croire le contraire, mais vous devez savoir que, par tradition, nos formes d'expression artistique ont presque toujours cherché à servir l'affirmation de notre identité linguistique distincte face au pays de nos ancêtres et à nos innombrables voisins anglophones. En cela, elles présentent volontiers une image exacerbée du peuple québécois, de ses traditions et de son parler. Dans les faits, toutefois, bien rares sont les Québécois dont le langage se limite à un jargon incompréhensible pour l'étranger. Cela dit, il faut aussi savoir que même les plus instruits et les plus cultivés se plaisent régulièrement à parler «à la québécoise» plutôt qu'«à la française». Vous serez donc le plus souvent en présence d'un français «standard» ponctué d'expressions et de termes savoureux que le présent guide vous aidera à mieux déguster.

Quant à vous faire comprendre – ce qui est tout aussi important, sinon plus encore –, vous n'avez vraiment, mais vraiment aucun souci à vous faire. En effet, même s'il est vrai que tous les Québécois ne prennent pas toujours la peine de s'exprimer de la façon la plus soignée qui soit, il reste que leur oreille est parfaitement formée, et ce, dès l'enfance, au «français de France» par la magie du cinéma, de la télévision et de la chanson.

Au bout du compte, on peut tout de même retenir qu'il existe des différences marquées entre le français des deux continents, et c'est précisément dans le but de vous aider à en percer les secrets que ce guide a été conçu. Vous y découvrirez des expressions et des termes utiles, d'autres franchement amusants, et d'autres encore qui vous éviteront malentendus et désagréments. À ce propos, évitez de chercher à vous rendre intéressant en lançant des jurons du genre «tabernacle», que vous auriez pu entendre au cinéma ou ailleurs; outre le fait que vous les prononcerez à n'en point douter de manière risible, vous devez savoir que la majorité des gens n'ont jamais eux-mêmes recours à ces expressions vulgaires et les jugent répréhensibles.

Mais voyons d'abord et avant tout à situer les origines et l'évolution de cette langue québécoise qu'on qualifiait, il n'y a pas si longtemps encore, de «joual» – déformation de «cheval» – pour indiquer un parler inarticulé, inintelligible ou simplement négligé. Voyons enfin à mieux en cerner la prononciation et à en dégager les plus importantes caractéristiques, de façon à vous préparer aussi adéquatement que possible à échanger avec vos cousins d'Amérique.

Bonne lecture, bonne écoute et bonnes découvertes.

La colonisation du Québec par la France remonte au tout début du XVIIe siècle. Or, contrairement à une croyance répandue, les premiers colons de la Nouvelle-France n'étaient nullement un ramassis de désœuvrés et de paysans incultes, mais bien plutôt, et à forte majorité, des artisans et des journaliers alphabétisés venus de milieux urbains, entre autres du Poitou et de la Normandie. Cet état de fait a d'ailleurs de quoi étonner lorsque l'on sait qu'à la même époque, en France, le taux d'analphabétisme se situait aux environs de 80%! Qui plus est, nos colons étaient rompus à une certaine société, et à tout le moins familiers avec le français «central» – langue de l'administration – même s'ils s'exprimaient aussi couramment dans leur dialecte ou patois maternel, dont il existait d'innombrables variétés dans les villages français de l'époque.

Cela dit, au début de la colonie, «un assez large ensemble de patois et de variétés de français ont dû coexister. Parmi ces patois, ceux qui divergeaient fortement du français au point d'être des obstacles à la communication ont dû... être voués à une extinction rapide. Par contre, les patois qui étaient suffisamment proches du français pour ne pas gêner outre mesure la communication intergroupe ont pu être maintenus par leurs locuteurs[1].» À ce chapitre, parmi ceux qui semblent avoir le plus marqué le français québécois, il

9

convient de retenir les parlers normands, auxquels on doit de nombreux canadianismes.

Par ailleurs, la nature même de la colonie, dont la structure naissante favorisait les interactions les plus diverses (simple voisinage, transactions commerciales, activités communautaires, unions matrimoniales, etc.) entres colons originaires de différentes régions de France, semble avoir rapidement engendré une cohésion et une convergence peu communes, au point que le Québec eut tôt fait de présenter une langue hautement unifiée, et beaucoup moins variable dans l'espace que le français de l'Hexagone. Or, cette unification, ou normalisation de la langue, survenue dès la fin du XVIIᵉ siècle, s'est apparemment faite dans le sens du français conventionnel, d'abord et avant tout pratiqué par l'élite dirigeante de la colonie, mais aussi, et peut-être surtout, par la plupart des femmes venues s'installer en terre d'Amérique. Il semble en effet que celles-ci, quoique largement minoritaires par rapport aux hommes, aient eu un rôle déterminant à jouer dans l'emprise ultime du français, aussi bien par leurs unions que par l'éducation qu'elles prodiguaient à leurs enfants.

N'empêche qu'un certain nombre de termes et de prononciations ont tout de même farouchement résisté à un alignement systématique sur le français normalisé, et relèvent dès lors davantage d'usages régionaux qui ont su s'imposer à l'ensemble du territoire québécois pour subsister jusqu'à nos jours. À ce propos, il faut bien savoir qu'à partir du moment où une population française hétérogène se développe à mille lieues de la métropole française, confrontée à des réalités et à des exigences fort différentes des siennes, il n'y a rien d'étonnant à ce que son parler adopte une orientation tout autre que la sienne. Cela est d'autant plus vrai que les décisions et les choix effectués à l'époque de part et d'autre de l'océan ne voyagent pas très vite, une communication rapide et efficace n'étant appelée à voir le jour que quelque deux siècles plus tard.

Mais d'autres facteurs permettent d'expliquer certaines digressions fondamentales, aux XVIIIe et XIXe siècles, entre le français québécois et le français central, en ce qui a trait notamment aux constructions grammaticales. Ainsi, la Nouvelle-France des premiers jours ne possédait que peu d'écoles et n'avait que très difficilement accès à l'écrit, les livres étant fort rares et les autres formes de textes imprimés (affiches, enseignes, etc.) n'étant guère courantes en milieu rural, où vivaient, ne l'oublions pas, la majorité des colons. Il en résulte que nombre de constructions «intuitives», du genre de celles qu'échafaudent spontané-ment les enfants lorsqu'ils font leur apprentissage de la langue, ont pu se répandre librement et laisser des traces durables par endroits. Nous sommes alors bien loin des efforts des habitants de l'Île-de-France pour se conformer, le plus souvent bien malgré eux, aux normes d'usage définies par le grammairien Vaugelas, membre de l'Académie française, au milieu du XVIIe siècle : «Le Bon Usage, c'est la façon de parler de la plus saine partie de la

11

Cour, conformément à la façon d'écrire de la plus saine partie des Auteurs du temps.»[1]

Et comment négliger l'apport des langues amérindiennes, dont les tenants, présents au pays bien avant les Français, avaient déjà nommé certains lieux, animaux, plantes et mets? Puis il y a les Anglais, qui n'ont pas tardé à emboîter le pas aux Français en terre canadienne, et dont l'héritage demeure plus que manifeste dans le français qu'on pratique au Québec. En fait, la conquête de la Nouvelle-France par l'Angleterre (1759) a coupé le Québec de la France et du français d'outre-mer, si bien que le Canada français n'a pas directement pris part à l'évolution du français européen pendant près de deux siècles. Deux siècles pendant lesquels le Canada français côtoie la langue anglaise et emprunte volontiers à son vocabulaire commercial et technique. Qui plus est, ses quelque 8 millions d'habitants s'en trouvent aujourd'hui entourés d'environ 300 millions d'anglophones, répartis entre les États-Unis et le reste du Canada. C'est dire toute la vigueur de cette langue, survivante de mille tumultes, garante d'un riche passé et fierté – pour ne pas dire «identité» – de tout un peuple qui ne l'échangerait pour rien au monde.

---

1) *Les origines du français québécois*, œuvre collective publiée par R. Mougeon et É. Beniak, Presses de l'Université Laval, 1994.

Cette section porte sur les particularités sonores qui distinguent le français québécois du français européen dit «standard». Il s'agit donc en quelque sorte d'un guide de prononciation, bien que, dans la mesure où vous n'aurez vous-même nullement à faire l'effort de reproduire ces sons, on pourrait davantage parler d'un guide d'écoute. Vous devrez en effet habituer votre oreille à reconnaître les sonorités propres au français de cette partie du monde, sous peine d'avoir parfois l'impression qu'on vous parle en chinois alors qu'il n'en est rien. La tâche vous sera d'ailleurs grandement simplifiée par les repères que nous vous fournissons ici. Prenez donc le temps de vous y attarder; vos échanges avec les Québécois «pure laine» n'en seront que plus fluides et plus enrichissants.

Mais, avant d'entrer dans le vif du sujet, il importe de souligner quelques points :

- vos dictionnaires sont les nôtres, de sorte que la très grande majorité des mots demeurent fidèles à eux-mêmes des deux côtés de l'océan; ils ont seulement tendance à être prononcés plus ou moins différemment;

- les différences en question varient grandement selon les situations (formelles ou informelles), selon le niveau de langue utilisé (familier ou soutenu), de même que selon l'âge et le degré de scolarité des interlocuteurs;

- quant aux variations régionales, elles se révèlent beaucoup moins importantes qu'en France, et nous n'en ferons que peu de cas, si ce n'est pour vous sensibiliser à certains traits dignes de mention.

Par ailleurs, il convient de savoir que le français auquel vous serez vraisemblablement le plus exposé à l'hôtel, au restaurant, dans les boutiques et dans les lieux publics est un français «correct», c'est-à-dire plus soutenu que familier, de sorte que vous n'aurez généralement aucun mal à comprendre vos vis-à-vis. Sans compter que, en dehors d'un contexte purement familial ou amical, la majorité des Québécois privilégient une élocution passablement soignée, l'idéologie linguistique dominante ayant toujours insisté sur la correction de la langue.

Néanmoins, les indications que nous vous fournissons ici vous seront sans aucun doute précieuses, dans la mesure où notre langue commune ne s'est pas développée de la même façon des deux côtés de l'Atlantique, et où certaines prononciations parfois déroutantes sont solidement ancrées dans les mœurs, même des locuteurs les plus attentionnés. D'autant que les Québécois peuvent facilement passer d'un registre à un autre, soit d'un niveau de langue tendant fortement vers le français «international» en situation formelle à un niveau de langue beaucoup plus familier et spontané en situation informelle.

Les données qui suivent résument brièvement les travaux des linguistes Luc Ostiguy et Claude Tousignant, tels que rapportés dans *Le français québécois, normes et usages* (Guérin universitaire, 1993).

VOYELLES CAMÉLÉONS

Parmi les singularités les plus marquantes du français québécois, on retient l'ouverture, dans bon nombre de mots, des voyelles normalement fermées «i», «u» et «ou».

Ainsi le «I» a-t-il tendance à glisser vers le [é] (péc pour pic, créme pour crime, légne pour ligne).

Le «U» se métamorphose presque en [eu]; nous l'indiquerons par [œ] (jœpe pour jupe, pœce pour puce, Lœc pour Luc).

Et le «OU» prend volontiers des airs de [au] (saupe pour soupe, faule pour foule, pausse pour pousse).

Quant au «A», il se fait souvent sourd et grave en fin de mot, et se compare alors en tous points au [o] de «colère» ou «bottine»; nous l'indiquerons par [â] (Canadâ, tabâ).

PLAÎT-IL?

Toujours en fin de mot, il arrive même au son «**È**» (-ais, -ait, -aid, -et) de se transformer en [a] (jam*a* pour jamais, parf*a* pour parfait, bal*a* pour ballet ou balai), une habitude qu'il a d'ailleurs prise dans la région parisienne au XVIIᵉ siècle! Cette même prononciation survient parfois même à l'intérieur d'un mot (m*a*rci pour merci).

Une autre caractéristique frappante du parler québécois, celle-là manifeste aussi bien en langue soutenue qu'en langue familière, tient à la distinction claire et nette des voyelles longues par rapport aux brèves (pâte-patte, fête-faites, jeûne-jeune, paume-pomme), alors que cette distinction tend depuis longtemps à disparaître en France.

Par ailleurs, cette insistance à préserver tout leur caractère aux voyelles longues fait parfois qu'on en exagère la prononciation en langue familière, ce qui donne des sons du genre «l*aou*che» pour lâche, «p*aou*sse» pour passe et «n*aé*ge» pour neige, ou encore, en présence d'un «r» allongeant une simple voyelle brève, «t*aou*rd» pour tard, «rivi*aé*re» pour rivière et «enc*aou*re» pour encore.

Un autre qui en voit de toutes les couleurs – en langue strictement familière toutefois –, c'est le «**OI**», qui devient tantôt [è] (dr*è*te pour droite ou droit, fr*è*te pour froid), tantôt [wé] (b*wé* pour boit, m*wé* pour moi), [wè] (b*wè*ter pour boiter), [wê] (déb*wê*ter pour déboîter), [wâ]» (b*wâ* pour bois), [waê] (b*waê*te pour boîte). Et pourquoi pas? Louis XIV ne disait-il pas lui-même : «Le rwé, c'est mwé!»

Il semble d'ailleurs avoir fait de nombreux émules par chez nous, que vous ne manquerez sans doute pas de démasquer.

Toujours au chapitre des voyelles, il ne faut pas oublier les nasales «AN», «IN», «ON» et «UN», cette dernière n'ayant plus vraiment droit de cité en France depuis plusieurs décennies déjà, de sorte que «brun» se prononce de la même façon que «brin», alors qu'au Québec on les distingue encore nettement. Quant aux autres, sans nous lancer dans des explications d'ordre purement technique, disons simplement qu'elles ont aussi leur personnalité propre chez nous et que vous les remarquerez vraisemblablement au passage.

Et pour en finir – c'est le cas de le dire – avec ces chères voyelles, parlons un peu de leur aptitude à se fusionner les unes aux autres (le fameux «bein» en lieu et place de «bien»), voire à disparaître complètement dans certaines formes d'énoncés où même les consonnes qui les entourent s'envolent en fumée.

Ainsi entendrez-vous, en langue familière, et surtout lorsque le débit en est rapide, «*a'* maison» pour «à la maison» (l'apostrophe indiquant partout dans ce guide un son fortement prolongé) et «*sa'* rue» pour «sur la rue», mais aussi des constructions du genre «*y'* â dit» pour «il lui a dit», «*twé'* zommes» pour «tous les hommes» ou «*c'ta* inque une blague» pour «c'était rien qu'une blague».

Ces consonnes qui bourdonnent

En écoutant le flot des conversations dans les lieux publics, vous aurez sans doute, comme bien d'autres avant vous, l'impression de vous trouver au milieu d'un essaim d'abeilles fort affairées. Pour peu que vous vous attardiez à la chose, vous découvrirez bientôt que deux consonnes tapageuses, le «t» et le «d», en portent l'entière responsabilité.

En effet, alors que ces deux comparses se prononcent aujourd'hui de façon tout à fait pointue en Europe, il n'en est strictement rien au Québec, où le «**T**» devient [ts] et le «**D**», [dz] devant les voyelles «i» et «u» de même que devant «y». Vous entendrez donc, et ce, même en langue soutenue – quoique de façon plus ou moins marquée – «pe*ts*i» pour «petit», «pein*ts*urer» pour «peinturer», «*dz*irect» pour «direct», «*dz*urable» pour «durable» et «*ts*ype» pour «type», autant de vestiges bien vivants du français parlé dans la région de Nantes au XVIIe siècle.

«R» qui roule n'amasse pas mousse

Ah! le «R»! Les variantes de sa prononciation (une douzaine en tout) prennent des noms aussi poétiques que «vélaire», «uvulaire» et «apicale», et elles sont si versatiles qu'elles peuvent danser à tour de rôle dans la bouche d'un même locuteur, voire à l'intérieur d'une même phrase ou d'un même mot. Nous nous contenterons donc d'en dégager quelques généralités.

Montréal est depuis longtemps reconnue pour ses «R» grassement roulés (comme à l'époque des derniers Louis de France), et ce, même si la norme québécoise favorise de plus en plus une variante un tant soit peu gutturale (dite grasseyée), plus proche de la variante internationale.

Le reste du Québec prononce généralement ses «R» de façon plus sèche.

Quant au «R» typiquement français, il ne s'entend que dans la bouche des gens les plus cultivés, et le plus souvent en situation formelle. À l'inverse, ceux qui se soucient moins de leur diction iront jusqu'à prononcer le «R» initial d'un mot comme s'il était précédé d'un «e» (eRcule pour recule, eRgarde pour regarde).

Quand le «L» se donne des ailes

Les pronoms «**IL(S)**» et «**ELLE(S)**» font l'objet d'un traitement tout à fait particulier dans le langage populaire, en ce qu'ils perdent carrément leurs consonnes et vont même jusqu'à changer de forme.

Ainsi entendrez-vous «*Y*» pour «il» ou «ils» (*Y* pârt demain / *Y* sont bons), «*Y'â*» pour «il a» (*Y'â* l'intention de venir) et «*Y'ont*» ou «*Y zont*» pour «ils ont» ou «elles ont» (*Y'ont*

19

été bons / *Y'ont* été bonnes / *Y zont* été bons / *Y zont* été bonnes).

Dans le cas du «Elle», c'est tantôt au tour du «*À*» de prendre la relève (*À* pârt demain / *À '* l'intention de venir, ou *À l'a* l'intention de venir), tantôt au tour du «*È*» (*È'* bonne / *È zont* été bonnes).

Et, comme si ce n'était pas assez, il arrive au pronom lui-même de s'évaporer complètement : «Sont bons» pour «Ils sont bons»; «Faut faire çâ» pour «Il faut faire ça». Sans parler des articles «la» et «les» et des prépositions «à», «dans» et «sur», qui en profitent volontiers pour s'escamoter ou se tronquer : «J'suis dans' maison» pour «Je suis dans la maison»; «J'ai de l'eau dins yeux» pour «J'ai de l'eau dans les yeux»; «Mets çâ sa' table» pour «Mets ça sur la table».

Dans la même veine, il arrive souvent aux «**L**», et même aux «**R**» et aux «**T**» de passer complètement sous silence à l'intérieur d'un mot. Ainsi dit-on volontiers «què'que» ou simplement «quèk» pour «quelque» (Voulez-vous quèk chose?), «quéqu'un» pour «quelqu'un», «mette» pour «mettre» (Veux-tsu mette çâ là?), «r'gade» ou simplement «ga'» pour «regarde» (Ga' comme y'é beau!) et «dwaêt'» pour «doit être».

W

Au chapitre des consonnes, en voilà une qui se prononce au
Québec comme en Belgique, soit «ou». Le «vagon» de nos
amis français devient ainsi «ouagon».

Muettes bavardes

Une habitude solidement ancrée, et que nous tiendrions de
nos ancêtres d'Anjou et de Touraine, fait que, dans un
registre peu soigné, on a tendance à prononcer franchement certaines consonnes finales qui n'auraient normalement pas à l'être. C'est le cas, entre autres, de «litte» pour
«lit», de «nuitte» pour «nuit», de «potte» pour «pot» et de
«boutte» pour «bout».

À chacun son anglais!

Il importe de noter qu'au Québec les emprunts à l'anglais
sont le plus souvent prononcés à l'anglaise, et non pas
francisés comme le veut la mode européenne. Les seules
exceptions véritables à cette règle touchent des mots
étroitement dérivés de l'anglais, mais transfigurés par
l'usage et depuis longtemps intégrés au parler populaire
(smatte pour *smart*, tinque pour *tank*).

Cela n'a d'ailleurs rien d'étonnant dans la mesure où ces
emprunts faciles ont pu être entendus à maintes reprises à

la radio ou à la télévision de langue anglaise, voire dans la rue, de sorte que même un francophone unilingue d'ici sait très bien comment les prononcer, qu'il s'agisse d'un des nombreux termes du domaine de l'automobile (que nous traitons plus en détail dans une section ultérieure), de marques de commerce (Ford – «Fôrrd», Levi's – «Lîvaïz») ou de tout autre vocable d'usage courant, entre autres *sweatshirt* (qui se prononce «swette shœrt» et non pas «swît shert»), *short* (qui se prononce «shôrrt») et *cover-girl* (qui ne se prononce pas «cover gerl» mais «câvœr gœrrl»).

QUAND GRAMMAIRE ET SYNTAXE S'EMMÊLENT

Turlututu

«Tsu m'aimes-tsu?», «Tsu veux-tsu?», «Tsu y penses-tsu?», autant d'exemples de cette drôle de façon que nous avons de… radoter, semble-t-il. Alors que le bon usage nous assure qu'une seule mention du pronom suffit amplement à la compréhension de la phrase, il est courant d'entendre cette forme dédoublée. Est-ce par insistance, par politesse ou par poésie? Nul ne saurait vraiment le dire, si ce n'est qu'il s'agirait d'une déformation du vieux parler normand («Tu m'aimes-ti?», «Tu veux-ti?»…).

C'est d'ailleurs ce qui explique l'élargissement de cet usage à d'autres constructions ne dépendant nullement de la deuxième personne du singulier : «Y parle-tsu?» (Parle-t-il?), «Ça s'peut-tsu?» (Cela se peut-il?), «Ch'peux-tsu?» (Puis-je / Est-ce que je peux?)

Quand j'dis non, c'est non!

À l'inverse, alors que la grammaire courante nous enjoint généralement de signifier nos négations par l'usage du «ne» suivi du «pas» ou du «plus» (Ne faites pas cela. Ne dites plus un mot.), nombreux sont ceux qui, dans le feu de l'action, laissent volontiers tomber le «ne», estimant que le «pas» ou le «plus» suffit à rendre claires leurs intentions (Faites pâs ça. Fais pu jamais çâ).

À titre d'exemple, vous entendrez «Oublie pâs d'acheter du lait», «Y sont pas venus» ou «On pourrait pu s'en pâsser».

Des questions?

Pour formuler une question dans la langue populaire, il suffit bien souvent de reprendre l'énoncé d'une simple affirmation en la faisant précéder d'un mot indiquant sans équivoque possible qu'il s'agit bel et bien d'une interrogation : «Pourquoi tsu fais çâ?», «Comment tsu t'appelles?»... Simple et pratique, non?

Il y a aussi les inversions saugrenues du genre «Dis-mwé-lé» pour «Dis-le moi»; les «que» qui se substituent aux «dont» («La fille que je t'ai parlé» pour «La fille dont je t'ai parlé»); les «re» qui insistent pour introduire certains mots n'ayant nullement besoin de leurs services (rejoindre pour joindre, rentrer pour entrer, revenger pour venger); le remplacement d'office de «devenir» par «venir» («Y'é venu tout rouge» pour «Il est devenu tout rouge») et un certain nombre d'autres irrégularités au lointain passé provincial qui ne manqueront pas de vous étonner.

Est-ce un garçon ou une fille?

Et puisque nous sommes au chapitre de l'étonnement, nous ne saurions conclure sans vous mettre en garde contre la «bisexualité» apparente de certains mots. Il en est ainsi des féminins qu'on affuble du genre masculin (*un* radio, *un* tumeur, *un* interview, *un* moustiquaire...). Mais force est d'admettre que la tendance se fait BEAUCOUP plus insistante dans l'autre sens, héritage matriarcal oblige, au dire de certains. Et voilà que défilent à vos oreilles *une* grosse appétit, *une* grosse accident, *une* grosse orage, *une* grande orchestre, *la* grosse orteil, *une* belle âge, *une* autobus, *une* hôpital, *une* job, *une* sandwich, *une* belle avion, *une* belle hôtel, *de la* jute, *de la* bonne argent, *de la* belle ouvrage... De quoi en ravir plus d'une!

Bref, compte tenu des innombrables possibilités qu'engendre le mariage de ces différentes particularités propres au français québécois, vous ne risquez guère de vous ennuyer chez nous!

Notez que, comme il s'agit avant tout d'un ouvrage pratique, nous n'avons pas fait de distinction comme telle entre anglicismes, archaïsmes, régionalismes et autres «ismes» dont les linguistes se servent pour caractériser les différentes formes du langage. Nous avons plutôt retenu en bloc tous les termes susceptibles de vous surprendre ou de vous dérouter que vous **pourriez** entendre au cours de votre visite, en en précisant au besoin les variantes et le contexte d'utilisation, tout en insistant, il va sans dire, sur les formes qui s'écartent le plus du français normalisé.

Lorsque la transcription d'une prononciation donnée ne permet pas de reconnaître spontanément le mot dont il s'agit («ga'» pour «regarde», «fla'sher» pour «*to flash*»), nous vous indiquerons ce mot entre parenthèses, s'il s'agit d'un mot français, ou entre crochets, s'il s'agit d'un mot anglais.

EXPRESSIONS ET MOTS USUELS

Bonjour	Bonjour / Au revoir
Bonjour, là	Au revoir
Bonswêr	Bonsoir

25

Bienvenue	Je vous en prie / De rien
Pardon?	Vous dites?
S' cuze / S' cuze-mwé	Excuse-moi
S' cuzez / S' cuzez-mwé	Excusez-moi
Ba bye / Ba bye, lâ	Au revoir

Notez que «bonjour» s'emploie aussi bien à l'arrivée qu'au départ.

Notez par ailleurs que «bienvenue» constitue la réponse la plus fréquente à un «merci» :

- Voici vos clés.
- Merci.
- Bienvenue.

Comment tsu t'appelles?
Comment t'appelles-tu?

Mon nom est Daniel. / Mwé, mon nom, çé Daniel.
Je m'appelle Daniel.

Comment ça vâ?
Comment allez-vous? / Comment les choses vont-elles?

Numéro Un. / Nom'bœr wann. [Number one]
Je me porte comme un charme.

Comme sur des roulettes.
Tout baigne dans l'huile.

ènéoué [anyway]	quoi qu'il en soit / de toute façon
bein / don(c) bein	bien / beaucoup / très
cou'don(c)	puisque c'est comme ça / dis donc
d'abord	dans ce cas
en tout câs / en twé câs	quoi qu'il en soit
fa que / ça fa que	alors / cela fait que...
mettons / mettons que	disons / disons que
pantoute / pas pantoute	du tout / pas du tout
wa'ein	ouais

Ènéoué, cé comme câ qu'ça s'é pâssé.
Quoi qu'il en soit, c'est ainsi que ça s'est passé.

Y sont déjâ arrivés, ènéoué.
Ils sont déjà arrivés, de toute façon.

Vas-y, t'é bein parti.
Vas-y, tu es bien parti.

Ça vâ tsu bein?
Selon le contexte, peut avoir différents sens :
Êtes-vous bien?
Est-ce que vous allez bien?
Êtes-vous bien sûr d'avoir toute votre tête?
Est-ce que ça fonctionne bien?
Est-ce tout se déroule comme prévu?

27

Y' en â don(c) bein! Y' en â don(c) bein, de d'çâ!
Il y en a vraiment beaucoup! / Ce qu'il peut y en avoir! /
Qu'est-ce qu'il y en a!

Y'é don(c) bein susceptible!
Ce qu'il peut être susceptible!

Ç't'épouvantable! Ç't'effrayant / Cé bein effrayant!
Selon le contexte, peut avoir différents sens :
Vous m'en direz tant!
Cela n'a aucun sens!
C'est incroyable!
C'est inacceptable!
C'est révoltant!

Bein cou'don(c)...
Eh bien, puisque c'est comme ça...

Cou'don, é' tsu malade?
Dis donc, es-tu malade?

Cou'don, è' tsu malade?
Dis donc, est-elle malade?

OK, d'abord.
D'accord.

Ch'te l'dzi pâs , d'abord.
Puisque c'est comme ça, je ne te le dis pas.

28

Où - *Où ç'que*

Où ç'que çé?	Où est-ce?
Où ç'qu'y'é?	Où est-il?
Où ç'qu'à lé?	Où est-elle?
Où ç'qu'à lé, lâ?	Où est-elle, maintenant?
Où ç'qu'y sont?	Où sont-ils?

Où ç'qu'y'é votre hôtel?
Où se trouve votre hôtel?

Deyoù ç'que t'é?
Où es-tu?

D'où ç' que vous venez?
D'où venez-vous?

D'où ç' que tsu d'viens?
D'où viens-tu?

Où ç'que vous allez, lâ? | *Où çé que vous allez d'même?*
Où allez-vous ainsi?

Où ç'tsu t'en vas, d'même?
Où vas-tu comme cela?

icitte / icid'ans	ici
à drète	à droite

tout drète	tout droit
en d'sour	sous / en dessous
monter en haut	monter
descendre en bas	descendre

Ç'tsu loin d'icitte? / Ç'tsu proche d'icitte?
Est-ce loin d'ici? / Est-ce près d'ici?

Y fa don(c) bein frette icid'ans!
Ce qu'il peut faire froid ici! (à l'intérieur)

Ergade en d'sour de la table.
Regarde sous la table.

Quoi - *Qu'essé / Qu'ess*

Qu'essé	Qu'est-ce que

Qu'ess-tsu veux? / Qu'essé qu'tsu veux?
Que veux-tu?

Qu'essé qu'vous voulez?
Qu'est-ce que vous voulez? / Que voulez-vous?

Qu'ess ça veut dire? / Qu'ess ça veut dire, çâ?
Selon le contexte, peut avoir différents sens :
Qu'est-ce que ça signifie?
Que voulez-vous dire par là?

Quelle bêtise as-tu donc faite là?
Mais pourquoi diable me dis-tu ça?

Çé quoi ces histwêres-lâ?
Qu'est-ce que vous me racontez là?

Çé quoi l'idée?
À quoi tout cela rime-t-il?

Comment / Combien - *Comment-ç'que*

Comment-ç'que çé chez vous?
Comment est-ce chez vous?

Comment-ç'qu'y vâ ton frère?
Comment va ton frère?

Comment-ç'qu'y était votre guide?
Comment avez-vous aimé votre guide?

Comment-ç'qu'y font pour faire çâ?
Comment s'y prennent-ils pour faire cela?

Comment-ç'qu'y sont?
Combien sont-ils?

Comment ça coûte? / Comment-ç'que ça coûte?
Combien cela coûte-t-il?

Ç'tsu cher?
Est-ce cher?

Ç'pâs cher.
Ce n'est pas cher.

Ç'pâs donné.
Ce n'est pas donné.

Çé bein cher!
Comme c'est cher!

Çé cher sans bon sans (sens)!
C'est excessivement cher!

Ça coûte les yeux d'la tête!
Ça coûte une fortune!

Quand - *Quand çé / Quant' ess*

Quand çé qu'on y vâ?
Quant' ess qu'on y vâ?
Quant' ess que çé qu'on y vâ?
Quand y allons-nous? / Quand partons-nous?

T'suite / Tsu suite	Tout de suite
Asteure	Maintenant / De nos jours
À matin	Ce matin

À swêr	Ce soir
D'main swêr	Demain soir
Quel jour qu'on é?	Quel jour sommes-nous?
Quelle heure qu'y'é?	Quelle heure est-il?
Y'é ts'une heure	Il est une heure / 13h
Y'é twâ zeures	Il est trois heures / 15h
Y'é sizheures	Il est six heures / 18h
Une meunutte, si vous pla	Un instant, s'il vous plaît
'Tends meunutte	Un instant

Est-ce / n'est-ce pas - *Ç'tsu*

Ç'tsu loin?	Est-ce loin?
Ç'tsu assez?	Est-ce suffisant?
Ç'tsu l'fonne [fun]?	Est-ce amusant / agréable?
Ç'tsu l'fonne [fun], han!	Ce qu'on s'amuse!
Ç'tsu plate, yeinqu'in peu!	Comme c'est navrant / ennuyeux!
Ç'tsu au boutte?	N'est-ce pas formidable?
Ç't'au boutte!	C'est vraiment formidable!

Ç'tsu correk? / Ç'tsu correk comme çâ?
Selon le contexte, peut avoir différents sens :
Est-ce suffisant?
Le compte est-il bon?
Cela vous convient-il?
Sommes-nous d'accord?...

la réponse étant le plus souvent :
Çé correk / Çé bein correk

Ç'tsu çâ qu'vous avez d'mandé?
Est-ce là ce que vous avez demandé?

Ç'tsu assez fort? / Ç'tsu assez fort pour twé, çâ?
Selon le contexte, peut avoir différents sens :
N'est-ce pas extraordinaire?
Le volume de la musique est-il suffisamment élevé?
La teneur en alcool de ton cocktail est-elle suffisante?
...
la réponse étant souvent :
Mets-en!
À qui le dis-tu?
OU (chez les plus jeunes)
Cool! / Çé cool!

Çé bein parfait comme çâ.
Cela me va tout à fait.

Je, tu, il...

---

chu / ch'	je suis
mwé	moi
mwé avec / mwé' si	moi aussi
mwé itou / mwé' tou	moi aussi
twé	toi

t'sé / t' sé, lâ	tu sais
nous autres / nouzô'te	nous
vous autres / vouzô'te	vous
eux autres / euzô'te	ils / elles

Ch'sé pâs. / Ch' é pâs.
Je ne sais pas.

Ch'pas capab / Chu pas capab de...
Je ne suis pas capable / Je suis incapable de...

Ch'pal pâs anglais.
Je ne parle pas l'anglais.

Ch'peux-tsu avoir / awêr...? / Ch'pourrè-tsu avoir / awêr...?
Puis-je avoir...? / Pourrais-je avoir...?
MAIS
Ch'peux-tsu à' voir / à' wêr? / Ch'pourrè-tsu à' voir / à' wêr?
Puis-je la voir? / Pourrais-je la voir?

Ch'comprends pâs ç'que vous dzites.
Je ne comprends pas ce que vous dites.

Ch'comprends!
Tu parles! / À qui le dites-vous?

M'â t'en faire, mwé, des tartes!
Je vais t'en faire, moi, des tartes!

twâ	trois
vingt-twâ	vingt-trois
trente-twâ	trente-trois
...	
kat	quatre
vingt-kat	vingt-quatre
trente-kat	trente-quatre
cein fois	cinq fois
vingt-cein cennes	vingt-cinq cents
trente-cein blocs	trente-cinq blocs
...	
si' chaises	six chaises
vingt-si' tableaux	vingt-six tableaux
trente-si' chandelles	trente-six chandelles
...	
sè' piasses	sept piastres (dollars)
dissè' nœuds	dix-sept nœuds
quarante-sè' pages	quarante-sept pages
...	
ne' places	neuf places
diz-ne' lignes	dix-neuf lignes
cinquante-ne' pots	cinquante-neuf pots
s' sante-twâ	soixante-trois
s' sante-kat	soixante-quatre

s' sante-diss /
  s' sante et diss   soixante-dix
s' sante et onze   soixante-et-onze
s' sante-dissè piasses   soixante-dix-sept piastres
...

Il arrive très fréquemment que «trois» perde son «r» et «quatre» ses deux lettres finales. Ne vous laissez donc pas dérouter par les approximations du genre «Y'en ava twâ ou kat.» pour «Il y en avait trois ou quatre.»

Les consonnes finales des chiffres de «cinq» à «neuf» se prononcent le plus souvent normalement devant une voyelle ou en fin de phrase. Par contre, pour peu que ces mots précèdent une consonne, vous entendrez fréquemment les déformations ci-dessus.

Enfin, le nombre «soixante» (et «soixante-dix» par ricochet) présente cette particularité qu'on contracte volontiers ses deux premières syllabes en «s», ce qui produit un son presque unique, comme dans les exemples ci-dessus.

POIDS ET MESURES

Bien que le Québec ait adopté le système métrique depuis une vingtaine d'années maintenant, on y entend encore souvent parler d'unités impériales.

Ainsi faut-il 12 **pouces** (2,5 cm) pour faire un **pied** (30 cm), et 3 pieds pour faire une **verge** (à peu de chose près équivalente au mètre), le **mille** valant pour sa part 1,6 km.

Par ailleurs, il faut 16 **onces** (30 g) pour faire une **livre** (450 g), 2 **demiards** (environ ¼ de litre) pour faire une **chopine** (environ ½ litre), 2 chopines pour faire une **pinte** (à peu près équivalente au litre) et 4 pintes pour faire un **gallon** (environ 4,5 litres).

Dans la foulée, on pourra aussi bien vous parler de **pieds cubes** que de **verges carrées** et d'**acres** (environ 0,4 hectare)!

TEMPÉRATURE

Et que dire de la température, sinon qu'on l'entend encore très souvent exprimée en degrés Fahrenheit. Pour convertir rapidement degrés Fahrenheit en degrés Celsius, rappelez-vous la formule (°F - 32) x 9 ÷ 5 pour les températures au-dessus de zéro; pour les températures au-dessous zéro, employez plutôt (°F - 32) x 5 ÷ 9.

Vous avez donc tout intérêt à ne pas oublier votre calcu-lette, d'autant plus que les gens qui utilisent encore ces mesures auront le plus souvent du mal à vous fournir une équivalence.

TRUC / BIDULE / MACHIN...

Au Québec, on dit plutôt :

*T'sé l'**affaire**, lâ? La **patente** rouge qu'y a une **gogosse** su'l
dessus? La **chose** qu'y a des **bébelles** pi des **cossins** après?
Une espèce de **patente à gosse**...*

Autant de mots fort utiles lorsqu'on ne sait pas nommer les
choses comme il se doit...

LES TRANSPORTS

accotoir / accotwêr	accoudoir
barouetter	brasser / secouer
châr	voiture en général
stêïchœn ouâgœnn [station wagon]	voiture familiale
minivanne [minivan]	mini-fourgonnette
vanne [van]	fourgonnette / semi-remorque
pékope [pick-up]	camionnette
kat-par-kat (4X4)	VTT
troc [truck]	camionnette camion de livraison semi-remorque
dix-huit-roues	semi-remorque
pakœdj dî'l [package deal]	forfait
route pavée	route revêtue

chemin de garnotte	chemin de gravier
chemin de gravelle	chemin de gravier
shôrr'tcotte [shortcut]	raccourci
stand de taxis	station de taxis
mappe [map]	carte routière / géographique

Flaïyer un taxi
Héler un taxi au passage.

On s'é faite barouetter su' un vrai temps.
Nous avons été amplement secoués.
MAIS
Y te l'ont barouetté d'un bord pis d'l'aut'.
Il lui ont fait faire de nombreux détours.

«**Autobus**» s'emploie aussi bien pour désigner un autocar qu'un véhicule de transport urbain, le mot «**autocar**» n'étant que rarement employé. Par voie de conséquence, «terminus d'autobus» est aussi employé pour désigner une gare routière. On entend aussi fréquemment le diminutif à l'anglaise «boss [bus]», comme dans «prendre le boss».

Automobile

Quant à l'automobile, elle fait partie de ces industries techniques dont le vocabulaire a longtemps été emprunté directement à l'anglais, au point que beaucoup de gens ne connaissaient même pas les équivalents français des mots servant à en désigner les diverses parties. Et, même si de grands efforts ont été faits ces dernières années pour diffuser la terminologie appropriée, on entend encore fréquemment, et prononcés bien à l'anglaise (la forme anglaise se trouvant entre crochets lorsqu'il y a lieu), tous les termes qui suivent.

Notez par ailleurs l'application aux véhicules automobiles de divers termes de navigation (débarquer, embarquer, virer...), le fleuve Saint-Laurent ayant longtemps été la principale voie de transport et de communication de la Nouvelle-France.

bâsses	feux de croisement
brêïke [brake]	frein
brêïke à brâs	frein à main
brêïker [to brake]	freiner
brâs de vitesse	levier de vitesse
bomm'pœrr [bumper]	pare-chocs
cap de roue	enjoliveur / chapeau de roue
chauffer	conduire
chaufferette	système de chauffage
clotche (f) [clutch]	pédale d'embrayage
cramper	braquer ses roues
dash	tableau / planche de bord
débarquer	descendre (d'un véhicule)
dî'frost [defrost]	dégivreur
djack [jack]	cric / vérin

djammé [jammed]	bloqué / immobilisé / congestionné
écarté	perdu
embarquer	monter (dans un véhicule)
exaôss [exhaust]	échappement
fanne (f) [fan]	ventilateur
fiouse (f) [fuse]	fusible
flaïyer	aller vite
fla'sher [to flash]	clignoter
fla'shœrr [flasher]	clignotant
flatte (m) [flat]	crevaison
frapper	happer / renverser / heurter / emboutir
gass'laïne [gas line]	antigel pour conduit d'essence
gâz	essence / accélérateur
gâzeline / gazéline	essence
hazards	feux de détresse
hautes	feux de route / phares
houde [hood]	capot
licence	plaque d'immatriculation
licences	enregistrements
millage	kilométrage
minoune	vieux tacot / bagnole
miroir / mirwêr	rétroviseur
mofflœrr [muffler]	pot d'échappement
neutre	point mort
nô pârrkigne [no parking]	stationnement interdit
porte	portière

paôwœrr brêike [power brake]	servofrein
paôwœrr stérigne [steering]	servodirection
parcomètre	parcmètre
pârrker [to park]	stationner
remorqueuse	dépanneuse
raïte trou [right through]	directement / en ligne droite
scraper [to scrap]	bousiller
scra'tcher [to scratch]	égratigner
shifter [to shift]	passer les vitesses
skider [to skid]	déraper
slaïyer [to slide]	glisser
spârrk plogue [spark plug]	bougie d'allumage
spê'rr [spare]	pneu de secours
spinner [to spin]	patiner / tournoyer
stâler [to stall]	faire du sur-place
stârtœrr [starter]	démarreur
stérigne [steering]	volant
stickœrr [sticker]	autocollant
strètche [stretch]	distance
taïyœrr [tire]	pneu
taïyœrrs [tire] d'été / d'hiver	pneus d'été / d'hiver
tchèker [to check]	regarder / vérifier
tchock absôrbœrr [chock absorber]	amortisseur
taït [tight]	serré
tinque (f) à gaz	réservoir d'essence
tinquer	faire le plein
tô'wer [to tow]	remorquer
tô'wégne [towing]	dépanneuse

trouble	ennui mécanique
valise	coffre arrière
virer / erivirer	tourner
vitte / vitre	glace
winshîld [windshield]	pare-brise
waïpœrr [wiper]	essuie-glace
wanne wé [one-way]	sens unique
zone de touage / remorquage	zone d'enlèvement des véhicules en infraction

Mets tes hautes / tes bâsses.
Allume tes phares / tes feux de croisement.

Oublie pâs d'brêïker.
N'oublie pas de freiner.

Tsu f'ra mieux d'mette le brêïke à brâs.
Tu ferais mieux d'engager le frein à main.

Colle-twé pâs trop su'l bomm'pœrr du châr d'en avant.
Ne colle pas de trop près le pare-chocs de la voiture qui se trouve devant.

On dirait qu'y'â pardu un cap de roue.
Il semble qu'il ait perdu un enjoliveur.

Y chauffe bein mal!
Ce qu'il conduit mal!

MAIS

Vâ falwêr chauffer le châr avant d'partir.

Il va falloir réchauffer la voiture avant de partir.

T'as-tsu parti à' chaufferette?

As-tu fait démarrer le système de chauffage?

Faut pè'ser sa' clotche avant d'shifter.

Il faut enfoncer la pédale d'embrayage avant de passer la vitesse.

Crampe en masse.

Braque tes roues à fond.

Mets té lunettes su'l dash.

Pose tes verres sur le tableau de bord.

MAIS

Ch'te dzi qu'ça fesse dans l'dash!

Ça ébranle sérieusement! (en parlant d'une nouvelle)

Ça fait vraiment très mal! (chocs variés)

Et, dans divers autres contextes, au propre comme au figuré, «cogner», «heurter», «buter», «assommer», etc.

On â embarqué deux pousseux.

Nous avons fait monter deux auto-stoppeurs.

On les â débarqués au coin.

Nous les avons fait descendre de voiture à l'intersection.

Mets l'dî'frost, on wé pu rien!
Actionne le dégivreur, on ne voit plus rien!

Le djack é dans' valise du châr.
Le cric se trouve dans le coffre de la voiture.

T'as-tsu bârré ta porte?
As-tu verrouillé ta portière?

La porte è djammée bein dur.
La portière est complètement bloquée.

On é resté djammés dans l'traffic.
Nous avons été pris dans la circulation.

Vous vous êtes pâs écartés pantoute?
Vous ne vous êtes pas égarés du tout?

Ch'pense qu'on s'é t'écartés.
Je crois que nous nous sommes perdus.

Embarque / Embak dans l'châr.
Monte dans la voiture.

Le tsuyau d'exaôss doit être parcé.
Le tuyau d'échappement doit être percé.

Fa don(c) marcher à' fanne, on â chaud.
Fais donc fonctionner le ventilateur, nous avons chaud.

Y dwé y'awêr une fiouse de brûlée.
Un des fusibles doit être grillé.

Ch'te dzi qu'ça flaïyait su l'autoroute!
Laisse-moi te dire que ça roulait très vite sur l'autoroute.

Le swêr, les lumières flashent.
Le soir, les feux de circulation clignotent.

Oublie pâs d'mette té flashœrr.
N'oublie pas de mettre tes clignotants.

On â pogné un flat en sortant du pont.
Nous avons eu une crevaison en sortant du pont.

On â frappé une bwête à lett' sans faire eksiprès.
Nous avons heurté une boîte aux lettres sans le faire exprès.

T'as-tsu mis du gâz?
As-tu fais le plein?

Pèse su'l gâz.
Appuie sur l'accélérateur.

Le gâz é j'lé dans l'tsuyau, vâ falwêr mette du gass'laïne.
Le conduit d'essence est gelé, il va falloir mettre de l'antigel.

Pârrke-twé en double, pi mets té hazards.

Stationne-toi en double, et allume tes feux de détresse.

Rouve le hood que ch'tchèke l'huile.

Ouvre le capot, que je puisse vérifier l'huile.

Ta licence è toute sale.

Ta plaque d'immatriculation est toute sale.

Avez-vous faite bein du millage?

Avez-vous beaucoup roulé?

Où ç'que t'âs mis ta minoune?

Où as-tu mis ta bagnole?

Ç'toujours bein mieux un châr neu qu'une minoune.

Une voiture neuve vaut toujours bien mieux qu'un vieux tacot.

Je l'wé pu dans mon mirwêr.

Je ne le vois plus dans mon rétroviseur.

Y'â perdu son mofflœrr.

Il a perdu son pot d'échappement.

Mets-twé au neutre, ça vâ moins patsiner.

Passe au point mort, ça va moins patiner.

Ç't'un wanne-wé [one-way].
C'est un sens unique.

La remorqueuse é pâs encore arrivée.
La dépanneuse n'est pas encore arrivée.

Ça y vâ raïte trou.
Ça passe en ligne droite.

Y va scraper son châr.
Il va complètement bousiller sa voiture.

Y'â quelqu'un qu'y'â toute scrat'tché sa peintsure.
Quelqu'un a égratigné sa peinture.

Ça skide en masse.
On dérape facilement.

Ça slaïye au boutte.
Ça glisse énormément.

Ça va êt' le temps d'changer é spârrk plogues.
Il va falloir songer à remplacer les bougies d'allumage.

Où ç'que t'â mis ton spê'rr?
Où as-tu mis ton pneu de secours?

Ça spinne pâs mal.
Ça patine passablement.

On é stâlé ent' deux camions.
Nous somme coincés entre deux camions.
(S'emploie aussi dans un sens large pour dire d'une personne ou d'une chose qu'elle ne bouge plus, qu'elle n'avance plus, qu'elle est immobilisée ou bloquée.)

Le stârrtœr est mort.
Le démarreur est fini.

Ça conduit pâs mal mieux avec un paôwœrr stérigne.
Ça conduit beaucoup mieux avec une servodirection.

Y'â plein d'stickœrrs su son bomm'pœrr.
Il y a beaucoup d'autocollants sur son pare-chocs.

Tchèke dé deux bords avant d'passer.
Regarde des deux côtés avant de passer.

On' n'â faite une bonne strètche.
Nous avons déjà parcouru une bonne distance.
MAIS
On dira aussi «une strètche» de motels, de magasins ou de toute autre chose pouvant se présenter en série, en rangée ou en succession.

Y commence à faire frette, vâ falwêr que j'mette mé taïyœrrs d'hiver.
Il commence à faire froid, il va falloir que je monte mes pneus d'hiver.

Ça pâsse bein taïte.
Ça passe très serré.

Té tchocks sont finis.
Tes amortisseurs sont finis.

Y'â fallu tinquer en chemin.
Nous avons dû faire le plein en cours de route.

La tinque é bein pleine.
Le réservoir est bien plein.

On â été obligé de s'faire tô'wer.
Nous avons dû faire remorquer la voiture.

Le tô'wégne é t'arrivé di meunuttes plus târd.
La dépanneuse est arrivée dix minutes plus tard.

On â eu un troub'.
Nous avons eu un ennui mécanique.

Vire / Ervire à gauche à' lumière.
Tourne à gauche au feu de circulation.

Baisse ta vitte.
Descend ta glace.

Le winshîld é toute sale.
Le pare-brise est tout sale.

Fais aller té waïpœrrs.
Fais fonctionner tes essuie-glace.

Tasses-twé!
Range-toi! / Laisse-moi passer!

On é rendus.
Nous sommes arrivés.

Y faisait nwêr comme su'l'yâb / comme chez l'loup.
Il faisait nuit noire.

Pâsser sa' rouge.
Griller un feu rouge.

Une police / Un châr de police
Une voiture de police

Monte z'y tes licences.
Montre-lui ton permis / tes enregistrements / tes papiers
d'immatriculation.

Souffler dans' baloune.
Souffler dans l'ivressomètre. / Passer l'alcootest.

Pogner un tickèt'.
Attraper une contravention.

Scouîdgî [squeegee]

Jeune punk s'offrant, à une intersection, à nettoyer votre pare-brise contre un peu d'argent tandis que vous attendez le passage au vert. Malgré leur allure souvent rébarbative, ces jeunes de la rue ne sont en général nullement dangereux.

INDICATIONS

bas de la ville	centre-ville
bloc	quadrilatère
coin	angle
lumière	feu de circulation
la Mêïnne [Main]	rue principale
pancarte	enseigne / affiche / écriteau / panneau

Faites le tour du bloc.
Contournez le quadrilatère. /
Faites le tour du pâté de maisons.

Ç'ta deux coins d'rue d'ici. / Ç'ta deux blocs d'icitte.
C'est à deux rues d'ici.

Au coin de Sainte-Catherine.
À l'angle de la rue Sainte-Catherine.

Vous allez trouver çâ sa' Mêïnne.
Vous allez trouver ça sur la rue principale (spécifiquement le boulevard Saint-Laurent à Montréal).

Tourne à drwète à' lumière / aux lumières.
Tourne à droite au(x) feu(x) de circulation.

À' prochaine lumière rouge, continue tout drette.
Au prochain feu de circulation, continue tout droit.

Çé marqué sa' pancarte.
C'est écrit sur le panneau.

Vous êtes kèzman rendu.
Vous êtes presque arrivé. / Vous y êtes presque.

Demandez à l'information.
Demandez au comptoir d'information.

(Notez que, partout en Amérique, sur les routes comme dans les édifices, on indique l'emplacement des comptoirs d'information, non pas par un «i» comme en Europe, mais bien par un point d'interrogation.)

LA SANTÉ

brûlements d'estomac	brûlures d'estomac
diachylon	sparadrap

docteur	médecin
fièvre des foins	rhume des foins
mal de bloc	mal de tête
picotte	varicelle
pla'stœrr [plaster]	sparadrap
poque (f)	ecchymose
prescription	ordonnance

J'ai un bon stoffe contre les brûlements d'estomac.

J'ai un bon remède contre les brûlures d'estomac.

T'âs une poque dans l'front.

Tu as une ecchymose sur le front.

*Çé juss une titte coupure, on vâ te mette un diachylon /
un pla'stœrr là-dessus, pi ça vâ guérir tout seul.*

Ce n'est qu'une petite coupure, on va te mettre un spara-
drap et ça va guérir tout seul.

J'ai pâs encore vu l'docteur.

Je n'ai pas encore vu le médecin.

Çé à' fièv' des foins qui me 'rpogne.

Me revoilà aux prises avec le rhume des foins.

J'me su réveillé avec un méchant mal de bloc.

Je me suis réveillé avec un sérieux mal de tête.

Té p'tsis ont-tsu eu à' picotte?

Tes enfants ont-ils eu la varicelle?

Vâ falloir que tu r'nouvelles ta prescription.

Il va falloir que tu fasses renouveler ton ordonnance.

L'ARGENT

antidater un chèque	postdater un chèque
balance	solde
bill	billet
piasse (piastre) / huard / lou'ni [loony]	dollar
un trente sous	une pièce de 25¢
un vingt-cein cennes	une pièce de 25¢
un dzi cennes	une pièce de 10¢
un cein cennes	une pièce de 5¢
une cenne / une cenne noire	une pièce de 1¢
bidou	argent / billet / dollar
cash	liquide / argent (comptant)
change	monnaie
charger	demander un prix
flô'ber	dépenser à tort et à travers
gratteux	avare / économe
ménager	faire des économies
passer	prêter
séraphin	avare / pingre
tchèque	chèque
tsip	pourboire
tsiper	laisser un pourboire

TPS

Taxe sur les produits et services. Taxe de vente fédérale de 7% qui s'ajoute au prix de vente de la majorité des articles proposés dans les commerces.

TVQ

Taxe de vente du Québec. Taxe de vente provinciale de 7,5% qui s'ajoute au prix de vente d'un article auquel on a déjà appliqué la TPS (le cas échéant).

T'as-tsu un bill de 10?
As-tu un billet de 10 dollars?

Tsu m'pâsses-tsu un 5?
Me prêtes-tu 5 dollars?

Auriez-vous du change pour un 20?
Pourriez-vous me faire de la monnaie sur un billet de 20 dollars?

Changer kat trente sous pour une piasse
Expression figurée signifiant que, dans une transaction quelconque, on ne gagne rien au change.
(Pour la petite histoire, mentionnons que, sous le Régime français, la piastre canadienne valait généralement 120 sous, de sorte qu'un quart de piastre correspondait à 30 sous et que cette façon de dire est restée même après le remplacement de la piastre par le dollar, pour sa part divisé

en 100 cents. Par suite, 30 sous valent aujourd'hui 25 cents.)

J'y é faite un tchèque antidaté.
Je lui ai remis un chèque postdaté.

Comment qu'y vous ont chargé?
Quel prix vous ont-ils demandé?

Cé dé bidous çâ, monsieur!
C'est de l'argent ça, monsieur!

Y t'resse-tsu du cash?
Te reste-t-il du liquide?

Allez-vous payer cash?
Allez-vous payer comptant?

Ça vaut pâs cein cennes.
Ça ne vaut pas cinq sous (ça ne vaut rien du tout).

Y'arrête pas d'flô'ber toute son cash.
Il ne cesse de dépenser son argent à tort et à travers.

On essaye de ménager l'plus qu'on peut.
Nous nous efforçons d'économiser autant que possible.

Ça s'peut-tsu être gratteux d'même!
Comment peut-on être aussi avare / économe?

MAIS

On vâ-tsu s'acheter un gratteux?
Est-ce qu'on va s'acheter un billet de loterie instantanée?

Y'é tsu séraphin yeinqu'in peu!
Quel avare!

Laissez-y un bon tsip.
Laissez-lui un bon pourboire.

Ça tsipe tsu pâs mal par chez vous?
Les gens de par chez vous donnent-ils de gros pourboires?

(Notez que, dans tous les restaurants du Québec où le service se fait aux tables, il est impératif de laisser un pourboire correspondant à environ 15% du total de l'addition avant les taxes.)

POSTE ET TÉLÉPHONE

malle	courrier
maller	poster
signaler	composer
engagé	occupé
hôlde [hold]	mise en attente
rejoindre	joindre
longue-distance	appel interurbain
charges renversées	frais virés / PCV

twisté [twisted]   entortillé

La malle es-tsu passée?
A-t-on livré le courrier? / Le facteur est-il passé?

Mon tchèque devrait êt' dans' malle.
Mon chèque devrait avoir été posté.

Donne-mwé ta lettre, j'vâ aller à' maller.
Donne-moi ta lettre, que j'aille la mettre à la poste.

Donnez-moi vot' numéro, j'va l'signaler pour vous.
Donnez-moi votre numéro, je vais le composer pour vous.

Ç'toujours engagé. / La ligne est toujours engagée.
La ligne est toujours occupée.

Y m'ont mis su' le hôlde.
On m'a mis en attente.

Vous pouvez me r'joindre le matin.
Vous pouvez me joindre le matin.

J'ai pâs réussi à le r'joindre.
Je n'ai pas réussi à le joindre.

D'ici à Québec, c't'un longue-distance.
D'ici à Québec, il s'agit d'un appel interurbain.

J'aimerais mieux qu'vous appeliez à charges renversées.
J'aimerais mieux que vous appeliez à frais virés.

Le fil du téléphone est toute twisté.
Le fil du téléphone est complètement entortillé.

T'â yeinqu' à appeler le 411.
Tu n'as qu'à t'adresser aux renseignements.

L'ÉLECTRICITÉ

adapteur	adaptateur
extension	rallonge électrique
fil	cordon électrique
jus	courant
lumière	ampoule
plogue	prise de courant / fiche
ploguer	brancher
switch	interrupteur

Y'm'faudrait un adapteur pour mon séchoir.
Il me faudrait un adaptateur pour mon sèche-cheveux.

Le fil é pâs assez long, y va m'falloir une extension.
Le cordon n'est pas assez long, je vais avoir besoin d'une rallonge électrique.

Y'â pu d'jus.
Il n'y a plus de courant.

La lumière d'wêt' brûlée.
L'ampoule doit être grillée.

Où ç'que tsu vas ploguer ton ordinateur?
Où vas-tu brancher ton ordinateur?

Le fil rente pâs dans' plogue.
La fiche n'entre pas dans la prise.

CLIMAT

bordée de neige	forte chute de neige
breumasser	pleuvoir très finement
caler dans' bwette	s'enfoncer dans la boue
caler dans' neige	s'enfoncer dans la neige
capot d'pwèle	manteau de fourrure
cass de pwèle	chapeau de fourrure
déhors / dewâors / dwâors	dehors / à l'extérieur
draff [draft]	coup de vent / courant d'air
frette	froid
frosté	givré
geler	avoir froid
mouiller	pleuvoir
pogné dans' neige	pris dans la neige
poudrerie	neige chassée par le vent

renfoncer   s'enfoncer

tempête de neige   importante chute de neige

On â pogné une méchante draff [draft].

Il y a eu un de ces coups de vent!

banc de neige

Congère, amas de neige entassée par le vent ou par suite
d'un déblaiement.

charrue

Chasse-neige motorisé utilisé pour le nettoyage des rues
après une chute de neige, ou simple pelle munie d'une large
plaque arrondie pour repousser la neige des entrées et des
trottoirs. Pour cette dernière, on dira aussi une «gratte» ou
un «scrêïpœr» [*scraper*].

été des Indiens

Retour de chaleur estivale d'une durée de trois à cinq jours
survenant après les premières gelées, généralement au
début d'octobre.

sloche / slotche

Neige à demi fondue ou presque complètement liquéfiée qui
encombre rues et trottoirs, et qui, de ce fait, est souvent
très sale.

souffleuse

Appareil motorisé muni d'un dispositif hélicoïdal qui permet
de projeter la neige au loin. Il y a des *souffleuses* de petite

taille, qui servent à déblayer les entrées après une chute de neige; il y en a aussi de très grandes qui circulent dans les rues, suivies de camions destinés à recevoir la neige qu'elles projettent.

On' n'â eu toute une bordée!
Il est vraiment tombé beaucoup de neige. /
Nous avons eu une importante chute de neige.

Y breumasse.
Il pleut très finement.

Y mouille-tsu? / Y va tsu mouiller?
Est-ce qu'il pleut? / Va-t-il pleuvoir?

Y mouille à sieau. / Y tombe des clous. / Y pleut à boire debout / à bwêr deboutte.
Il pleut très abondamment (et plus ou moins violemment).

Y'en â tombé une shotte!
Il a vraiment beaucoup plu / neigé.

On cale dans' bwette / dans' neige.
On s'enfonce dans la boue / dans la neige.

Ça cale. / Ça renfonce.
Le sol est mou, de sorte qu'on s'y enfonce. /
La neige est molle, de sorte qu'on s'y enfonce.

É pâs peur de sortir ton capot d'pwèle.
N'hésite pas à porter ton manteau de fourrure.

Oublie surtout pâs ton cass de pwèle.
N'oublie surtout pas ton chapeau de fourrure.

Y fa tsu assez beau dwâors?
Ne fait-il pas un temps superbe?

*Y fa frette en si vous pla! / Y fa frette su' un vrai temps! /
Y fa frette en joualvert!*
Il fait un de ces froids!

Y fa trop frette pour se promener la falle à l'air.
Il fait trop froid pour sortir le cou à l'air.

Lé vittes sont toutes frostées.
Les fenêtres / Les carreaux sont entièrement givré(e)s.

Ermonte le chauffage, on gèle.
Mets plus de chauffage, nous avons froid.

Y'é pris dans' neige. / Y'é pogné dans' neige.
Il est pris / embourbé dans la neige.

On wé pu rien avec la poudrerie.
On ne voit plus rien avec cette poudrerie.

Çé glissant en maudzi!
C'est vraiment très glissant!

ACTIVITÉS DE PLEIN AIR

bécyk (bicycle)	vélo / bicyclette
bécyk à twâ roues	tricycle
BMX	vélo tout-terrain / vélo acrobatique
camp de vacances	colonie de vacances
chaloupe	barque
crèmer	enduire de crème solaire
dix-vitesses	vélo de course
gougounes	sandales de plage
marche	promenade à pied
moineau de badminton	volant de badminton
noirceur / nwêrceur	obscurité / nuit tombée
plemer	peler (en parlant de la peau)
ril [reel]	moulinet de canne à pêche
tî-bârr [t-bar]	remonte-pente
traîne-sauvage (f)	toboggan
Skidoo (marque de commerce)	motoneige
Seadoo / jet-ski (m)	motonautique

(Il est à noter que le terme propre pour désigner l'embarcation légère de forme allongée et aux extrémités arrondies dont on se sert pour sillonner lacs et rivières est

canot, et non pas «canoë», cet autre genre d'embarcation étant plutôt réservé aux compétitions sportives.)

Ch'te dzi qu'y'â un maudzi beau bécyk!
Il a vraiment un très beau vélo!

Tsu y'â tsu acheté un dix vitesses ou un BMX?
Lui as-tu acheté un vélo de course ou un vélo tout-terrain?

Lé z'enfants sont partis au camp.
Les enfants sont à la colonie de vacances.

Ça vâ nous prende une chaloupe pour aller à' pêche.
Il va nous falloir une barque pour aller à la pêche.

J'me su toute crèmé avant d'sortir.
Je me suis complètement enduit de crème solaire avant de sortir.

Oublie pâs té gougounes, y'â dé roches su'l bord de l'eau.
N'oublie pas tes sandales de plage, il y a des gravillons / des galets au bord de l'eau.

On vâ-tsu prendre une marche?
Ça te dirait d'aller faire une promenade?

On n'é mieux d'rentrer avant à' nwêrceur si on veut pâs s'parde.
Mieux vaut rentrer avant la tombée de la nuit si nous ne voulons pas nous perdre.

Depuis mon coup de soleil, j'arrête pâs d'plemer.
Depuis mon coup de soleil, ma peau ne cesse de peler.

Ton ril marche-tsu bein?
Ton moulinet fonctionne-t-il bien?

J'm'â te 'rjoindre au tî-bârr.
On se retrouve au remonte-pente.

Ça t'tente-tsu d'faire d'la traîne-sauvage?
Ça te dirait de faire du toboggan?
(Notez que ce toboggan particulier n'a pas de patins et est
formé de minces planches ajustées et recourbées à l'avant.)

*Nouzô'te, ç'pâs compliqué, çé l'Skidoo l'hiver pi l'Seadoo
l'été.*
Nos activités de plein air se limitent à la motoneige en hiver
et à la motonautique en été.

FAUNE

achigan	perche noire
barbotte	poisson-chat
bébitte à patates	coccinelle
bébitte / bibitte	insecte / moustique
chevreuil	cerf d'Amérique
doré (m)	poisson d'eau douce
écureux	écureuil(s)
joual / jouaux	cheval / chevaux

maringouin	moustique
maskinongé	brochet géant
mouche à chevreuil	espèce de petit taon
mouche à cheval	grosse mouche piquante
mwèneau	moineau
orignal	grand cerf d'Amérique
ouananiche	saumon d'eau douce
ouâouâron	grenouille géante
parchaude	perchaude
pardrix	perdrix
pic-bwâ	pic / pivert
picouille	canasson / rosse
siffleux	marmotte
suisse	tamia / écureuil rayé

p'tsi pwèssons dé ch'naux
(petits poissons des chenaux)

Il s'agit du «poulamon», une espèce qu'on pêche à l'hiver en creusant un trou dans la glace qui couvre la rivière à Sainte-Anne-de-la-Pérade. Pour les besoins de la cause, étant donné qu'il fait souvent très froid, on s'abrite alors dans une petite cabane posée sur le trou en question et chauffée par un petit poêle à bois.

FAUNE

air climatisé	air conditionné
bârrer	verrouiller / fermer à clé
bloc / bloc appartement	immeuble résidentiel
câdre	tableau
calorifère	radiateur
canal	chaîne de télé / caniveau
canceller une réservation	annuler sa réservation
cave	sous-sol
chaise berçante	berceuse
chambreur	locataire (d'une chambre)
châssis	fenêtre
côloc	colocataire
condo / condominium	appartement
coquerelle	cafard / blatte
coqueron	réduit / placard / toute petite pièce
débârrer	déverrouiller
deuxième étage	premier étage
divan	canapé / causeuse
djî'prrock [gyproc]	placoplâtre
fanne (f) [fan]	ventilateur / éventail électrique
fournaise	appareil de chauffage central
galerie	balcon
garde-robe	placard

hâïdebède [hide-a-bed]	canapé-lit
intercom	interphone
packœdj dî'l [package deal]	forfait
patio	terrasse
p'tsi banc	tabouret
pôle	tringle
portique	hall d'entrée / vestibule
poste / canal	chaîne (de télé)
prélârt / prelârt	linoléum
premier étage	rez-de-chaussée
salle à dîner	salle à manger
salon	salle de séjour
sêïfe [safe]	coffre-fort
set	ensemble / mobilier
sofa	canapé
sofa-lit	canapé-lit
soubassement	sous-sol
splitte-lèvœl (m) [split-level]	maison à demi-niveaux
support	cintre
té'vé / tî'vî (f)	téléviseur
tinque (f) à eau chaude	réservoir à eau chaude
tuile	carreau / carrelage
valence	cantonnière
vîcî'arr [VCR]	magnétoscope
vidanges	ordures / déchets

En ce qui concerne les **étages**, il convient de retenir que le «premier» (le *first floor* de nos voisins anglophones) correspond au «rez-de-chaussée», que le «deuxième» (*second floor*) correspond au «premier», et que le «troisième» (*third floor*) correspond au «second».

Vot' chambre est au premier étage / au deuxième étage.
Votre chambre est au rez-de-chaussée / au premier.

On vous offre toute une gamme de services.
Il est à noter que, dans un contexte commercial, le mot «**offrir**» est presque invariablement employé au sens de «proposer» et ne renferme en général aucune connotation de gratuité.

Oubliez pas d'bârrer à' porte.
N'oubliez pas de verrouiller la porte.

(Au Québec, «**fermer**» signifie tout simplement «fermer ce qui était ouvert», sans plus. Ainsi, lorsqu'il s'agit de «verrouiller», il faut le préciser par le mot «bârrer».)

Laissez pâs vot' porte débârrée si vous voulez pâs vous faire voler.
Ne laissez pas votre porte déverrouillée si vous ne voulez pas vous faire voler.

Vous z'avez pas mis l'air climatisé?
Vous n'avez pas fait fonctionner l'air conditionné?

Y ress dans un bloc / dans un bloc appartement.
Il habite un immeuble résidentiel.

Y s'sont acheté un beau condo.
Ils ont fait l'acquisition d'un bel appartement.

Y'ont une maudzite belle cabane.
Ils ont une maison vraiment magnifique.

Y'ont une belle cave toute finie.
Ils ont très bien aménagé leur sous-sol.

J'ai échappé ma clé dans le canal.
J'ai laissé tomber ma clé dans le caniveau.

À ress dans un vrai coqueron.
Elle habite une toute petite chambre / un minuscule meublé.

Les câdres sont croches.
Les tableaux sont de travers.

Si vous avez frette, on peut vous rajouter un calorifère.
Si vous avez froid, nous pouvons vous procurer un radiateur d'appoint.

Prends à' chaise berçante, tsu vas êt' mieux.
Installe-toi dans la berceuse, ce sera plus confortable.

Comme on â une grande maison, on assèye toujours d'avoir au moins deux chambreurs.
Comme nous avons une grande maison, nous cherchons toujours à louer au moins deux chambres (à plus ou moins long terme).

Mon / Ma côloc vous laisse sa chambre pour la semaine.

Mon / Ma colocataire vous laisse sa chambre pour la semaine.

Y'â quelqu'un qui vâ v'nir laver é' châssis d'main.

Quelqu'un va venir laver les fenêtres demain.

Laissez pâs traîner d'manger si vous voulez pâs attirer é' coquerelles.

Ne laissez traîner aucune nourriture si vous ne voulez pas attirer les cafards.

Prends mon lit, j'vâ dormir su'l divan.

Prends mon lit, je vais dormir sur le canapé.

Les murs sont en djî'prrock, on entend toute ç'qui s'pâsse chez l'vwésin.

Les murs sont en placoplâtre, on entend tout ce qui se passe chez le voisin.

Dites-mwé-lé si vous avez besoin d'une fanne.

Dites-le moi si vous avez besoin d'un éventail électrique.

La fanne é-tsu trop forte?

Le ventilateur vous fait-il trop d'air?

J'va r'monter à' fournaise pour qu'y fasse moins frette.

Je vais régler le chauffage pour qu'il fasse moins froid.

Y'â tsu assez d'supports dans l'garde-robe?

Y a-t-il suffisamment de cintres dans le placard?

Quand t'y fa beau, on veille sa' galerie.

Quand le temps est doux, nous passons la soirée sur le balcon.

Y'en â deuzô'tes qui peuvent dormir dans le hâïdebède.

Deux autres peuvent dormir sur le canapé-lit.

Vous pouvez l'appeler su'l'intercom.

Vous pouvez l'appeler par interphone.

Ç't'un maudzi bon packœdj dî'l.

C'est un forfait très avantageux.

Y fa assez beau pour souper su'l patio.

Il fait assez beau pour dîner sur la terrasse.

Y'â deux p'tsi bancs en d'sour du comptwêr d'la cuisine.

Il y a deux tabourets sous le comptoir de la cuisine.

J'ai pendu vos manteaux sa' pôle d'la douche.

J'ai accroché vos manteaux sur la tringle de la douche.

Laissez pâs vos bottes dans l'portique, y vont êt' j'lées.

Ne laissez pas vos bottes dans le vestibule, elles vont être beaucoup trop froides (au moment de les remettre).

Avec le câble, vous allez pogner toutes les postes de té'vé.
En payant pour le câble, vous capterez toutes les chaînes de télévision.

Y pâssent la course au canal 4.
La course est diffusée sur la 4e chaîne.

On vient juss de changer l'prélârt dans cuisine.
Nous venons tout juste de changer le linoléum dans la cuisine.

Vous pouvez mette vos bijoux dans l'sêïfe.
Vous pouvez mettre vos bijoux dans le coffre-fort.
[Notez que, par extension, ce mot anglais (*safe*) a aussi le sens de «sûr», «sécuritaire» et «sans danger», comme dans «Vous allez êt' sêïfe, icitte.» (Vous serez en sécurité, ici.), «Les rues sont sêïfe le soir.» (Les rues sont sûres le soir), et une foule d'autres expressions.]

On peut s'installer dans l'salon ou dans' salle à dîner.
Nous pouvons nous installer dans le séjour ou dans la salle à manger.

Y'ont un beau set de chambre / de cuisine.
Ils ont un beau mobilier de chambre à coucher / un bel ensemble de cuisine.

Lé p'tsi peuvent coucher su'l sofâ / su'l sofâ-lit.
Les enfants peuvent dormir sur le canapé / sur le canapé-lit.

Y'â une fête d'organisée dans l'soubassement d'l'église.
On a organisé une fête au sous-sol de l'église.

Y'ont un grand splitte-lèvœl en banlieue.
Ils ont une grande maison à demi-niveaux en banlieue.

La tinque à eau chaude est dans' cave.
Le réservoir à eau chaude se trouve au sous-sol.

Marche pas nu-pieds sa' tuile, tu vâs prendre du mal.
Ne marche pas pieds nus sur le carrelage, tu vas prendre froid.

Avez-vous r'marqué nos nouvelles valences?
Avez-vous remarqué nos nouvelles cantonnières?

Si vous avez besoin du vîcî'arr [VCR], gênez-vous pâs.
Si vous avez besoin du magnétoscope, ne vous gênez surtout pas.

Les vidanges passent le mardi pi l'jeudi.
La cueillette des ordures se fait le mardi et le jeudi.

La chambre à coucher

---

bassinette (f)	petit lit d'enfant
bureau	commode
cadran	réveil-matin
couverte / couvarte	couverture

couvre-pieds	couvre-lit
douillette	duvet / couette
lit king	très grand lit
lit queen	grand lit
robe de chambre	peignoir

Le p'tsi é rendu bein' trop grand pour coucher dans' bassinette.

Le petit est maintenant beaucoup trop grand pour dormir dans le lit de bébé.

Si t'âs dé z'affaires à r'pâsser, t'âs yeinqu'à' é laisser su'l bureau.

Si tu veux faire repasser quelques morceaux, tu n'as qu'à les laisser sur la commode.

Oublie pâs d'mette ton cadran pour demain matin.

N'oublie pas de régler ton réveil pour demain matin.

Si çé dé couvartes qui vous faut, on' n'â en masse.

Si ce sont des couvertures qu'il vous faut, nous en avons amplement.

Aimez-vous mieux un couvre-pieds décoratif ou une bonne grosse douillette?

Préférez-vous un couvre-lit décoratif ou un duvet / une couette?

Vous avez l'choix entre un lit king ou deux lits doubles.

Vous avez le choix entre un très grand lit et deux lits pour deux personnes.

La salle de bain

Notez qu'on peut tout aussi bien parler de la «chambre de bain» d'un restaurant ou de tout autre lieu public pour désigner sa salle d'eau ou ses W.-C.

bain tourbillon	baignoire à remous
bain	baignoire
balance	pèse-personne
bol (m/f) / bol de toilette	cuvette
chaîne	chasse d'eau
chambre de bain	salle de bain
champlure (f)	robinet
cygne [sink] / le l'évier	évier / lavabo
débarbouillette	petite serviette de toilette carrée
flocher [to flush]	tirer la chasse d'eau
savon / barre de savon	savonnette
séchoir à cheveux	sèche-cheveux

Y'â pu de savon dans chamb' de bain.
Il n'y a plus de savonnette dans la salle de bain.
La / Le bol de toilette est pas bein propre.
La cuvette n'est pas très propre.

Tirer la chaîne / Tirer à' chaîne.
Actionner la chasse d'eau.

Flocher à' toilette.
Tirer la chasse d'eau.

La champlure coule.
Le robinet fuit.

On vient juss de s'faire poser un bain tourbillon.
Nous venons tout juste de nous faire installer une baignoire à remous.

Ayez pâs peur de prend' d'l'eau chaude, y'en â en masse.
N'hésitez pas à prendre toute l'eau chaude que vous voulez, il y en a en abondance.

J'resterais dans le bain pendant des heures.
Je resterais dans la baignoire pendant des heures.

Si ç'ta yeinque de mwé, j'prendrais mon bain à twé jours.
S'il n'en tenait qu'à moi, je prendrais un bain tous les jours.

Tsu peux faire tremper tes bobettes dans'l l'évier.
Tu peux faire tremper tes culottes dans le lavabo.

Y'â une balance dans' penderie.
Il y a un pèse-personne dans le placard.

Ch'peux t'pâsser mon séchwêr si tsu veux.
Je peux te prêter mon sèche-cheveux si tu veux.

Dites-mwé-lé si vous avez besoin d'pluss de serviettes pi'd débarbouillettes.

Dites-le moi s'il vous faut plus de grandes serviettes et de petites serviettes de toilette.

La cuisine / cuisinette

---

canârd	bouilloire
champlure (f)	robinet
chaudron	casserole
cygne [sink]	évier / lavabo
dépense	garde-manger
fourneau	four
frigidaire	réfrigérateur
laveuse à vaisselle	lave-vaisselle
lèchefrite	cocotte
pan'tré / pèn'tré (f) [pantry]	comptoir de cuisine
poêle (m)	cuisinière
presto (m)	cocotte-minute
spatsule	pelle à cuisiner
tôstœrr [toaster]	grille-pain
ustensiles	couverts
vaisseau	grosse marmite / casserole

On vous â mis un canârd su'l poêle.

Nous avons mis une bouilloire sur la cuisinière.

La laveuse à vaisselle se plogue après à' champlure.

Le lave-vaisselle se raccorde au robinet.

Allez-vous avwêr assez de chaudrons?
Allez-vous avoir suffisamment de casseroles?

Laissez vot' vaisselle dans l'cygne.
Laissez votre vaisselle dans l'évier.

Y'â toute c'qui faut dans' dépense.
Vous trouverez tout ce qu'il vous faut dans le garde-manger.

Le fourneau s'nettwèye tout seul.
Le four est autonettoyant.

Y'â de l'eau frwède dans le frigidaire.
Il y a de l'eau froide dans le réfrigérateur.

La lèchefrite pi le presto sont dans l'bâs d'armwêre.
La cocotte et la cocotte-minute se trouvent dans l'espace de rangement aménagé sous le comptoir.

Y'a un tôstœrr sa' pèn'tré.
Il y a un grille-pain sur le comptoir de la cuisine.

Y'â un rond (de poêle) qui marche pas.
Un des éléments chauffants de la cuisinière ne fonctionne pas.

Y'â une spatsule dans l'tirwêr si tsu veux t'faire des œufs.
Il y a une pelle dans le tiroir si tu veux te faire des œufs.

Tsu peux mette les ustensiles sa' tab', le souper é prette.
Tu peux mettre les couverts, le dîner est prêt.

Vous allez pouvwêr faire cuire un poulet dans l'vaisseau.
Vous allez pouvoir faire cuire un poulet dans la grosse marmite.

Entretien et nettoyage
---

ajax (marque de commerce)	poudre à récurer
balayeuse (électrique)	aspirateur
boyau / bwèyeau (d'arrosage)	tuyau d'arrosage
chaudière	seau
clî'nn [clean]	propre
clî'ner [to clean]	nettoyer
époussetoir	plumeau
frotter	nettoyer
guénille	torchon
hôsse / hôze (f) [hose]	tuyau d'arrosage
laveuse	lave-linge
mess	dégât / désordre
minous	moutons / flocons de poussière
moppe	serpillière
porte-poussière	pelle à poussière
sécheuse / sècheuse	sèche-linge
shède [shed]	remise
spic èn' spanne [spic and span]	très propre

| scouîdgî [squeegee] | raclette |
| vadrouille | balai à frange |

J'vâ acheter du ajax pour qu'on fasse la chambre de bain.
Je vais acheter de la poudre à récurer afin que nous puissions nettoyer la salle de bain.

Faudra bein que ch'pâsse la balayeuse.
Il faudrait bien que je passe l'aspirateur.

Vâ m'charcher à' chaudière dans l'garage.
Va me chercher le seau qui se trouve dans le garage.

Ç'pâs mal clî'nn à mon goût.
C'est propre comme j'aime que ce soit propre.

Faudra bein clî'ner l'mess qu'on â faite.
Nous devrions tout remettre en ordre. / Nous devrions nettoyer nos dégâts. / Nous devrions ramasser ce que nous avons renversé.

L'époussetoir é dans l'armoire.
Le plumeau se trouve dans l'armoire.

Si y'en â bein une qui frotte tout le temps, çé t'elle.
S'il en est une qui nettoie et récure constamment, c'est elle.

Pâsse-mwé à' guénille.
Passe-moi le torchon.

Ça t'dérangerais-tsu bein gros d'donner un coup d'hôze dans l'entrée?

Est-ce que ça t'embêterait beaucoup de nettoyer l'entrée au moyen du tuyau d'arrosage?

Oublie pâs d'serrer l'bwèyau quand t'aurâs fini.

N'oublie pas de ranger le tuyau d'arrosage lorsque tu auras terminé.

Mets toute ton linge dans' laveuse, j'vâ m'en occuper.

Mets tous tes vêtements dans le lave-linge, je vais m'en occuper.

Oublie pâs d'enlever é' minous avant d'partir la sécheuse.

N'oublie pas de nettoyer le filtre avant de faire démarrer le sèche-linge.

Ch'te dzi qu'y pâssent pâs souvent à' moppe icitte!

On ne passe visiblement pas souvent la serpillière ici!

Le balai pi l'porte-poussière sont dans l'garde-robe.

Le balai et la pelle à poussière se trouvent dans le placard.

Tsu vâ toute trouver çâ dans' shède.

Tout va trouver tout ce qu'il te faut dans la remise.

Ch'te dzi qu'çé spic èn' spanne chez vous!

C'est on ne peut plus propre chez vous!

(Notez que le «Spic and Span» est au départ une marque de commerce désignant un produit nettoyant.)

Y'm'faudra un scouîdgî pour laver é' vittes.
Il me faudrait une raclette pour laver les fenêtres.

Un p'tsi coup d'vadrouille vâ faire la djob.
Un simple coup de balai à frange fera l'affaire.

RESTAURATION ET CUISINE

Notez bien que, dans la langue parlée (et souvent même écrite), les trois repas de la journée sont presque invariablement désignés par les mots **«déjeuner»** (petit déjeuner), **«dîner»** (déjeuner) et **«souper»** (dîner).

S'y ajoute le **«brunch»** [contraction de *breakfast* (petit déjeuner) et *lunch* (déjeuner) qui se prononce «bronn'che»]. Il s'agit d'un repas faisant à la fois office de petit déjeuner et de déjeuner qu'on prend généralement le samedi ou le dimanche entre 11h et 14h. On dira aussi **«bruncher»** (bronn'cher) pour «prendre le brunch» ou «prendre un petit déjeuner tardif et copieux».

bill (m)	addition
bourré	rassasié
casse-croûte	snack-bar
couque [cook]	cuisinier
coutellerie	service de couverts
cuillère à table	cuillère à soupe
cuillère à thé	cuillère à café

déjeuner	petit déjeuner
dîner	déjeuner
facture	addition
foule [full]	plein
haf èn' haf [half and half]	moitié-moitié
	déjeuner / collation / pique-nique
napkinne [napkin]	serviette de table
souper	dîner
spécial / spécial du jour	plat du jour
splitter [to split]	séparer
table d'hôte	menu à prix fixe
tchopper [to chop]	couper
ustensiles	couverts
wéïtœr [waiter]	serveur
wéïtriss [waitress]	serveuse

Ch'peux-tsu vous apporter à' facture / le bill?
Puis-je vous apporter l'addition?

On vâ t'êt' bourré après çâ!
Nous allons être repus après avoir mangé tout cela.

On s'arrête-tsu dans un casse-croûte?
Est-ce qu'on s'arrête dans un snack-bar?

Toutes mes félicitations au couque.
Toutes mes félicitations au chef.

Y'ont sorti leur plus belle coutellerie.
Ils ont sorti leurs plus beaux couverts.

Cette préparation demande deux cuillères à soupe de sel et une cuillère à thé de sucre.
Cette préparation requiert deux cuillères à table de sel et une cuillère à café de sucre.
(On utilisera par contre «cuillère à soupe» pour la cuillère dont on se sert pour manger la soupe, l'expression «cuillère à table» n'étant retenue que dans les recettes.)

La bouteille é foule [full].
La bouteille est pleine.

Ch'u complètement foule [full].
Je suis complètement rassasié.

On splitte-tsu à' facture?
Est-ce qu'on se partage l'addition?

On paye-tsu haf èn' haf?
Paye-t-on moitié-moitié?

Tsu t'apportes-tsu un lunch su l'autobus?
T'apportes-tu une collation à prendre à bord de l'autocar?

On devrait s'préparer un lunch à manger su'l bord du lac.
Nous devrions préparer un pique-nique à déguster au bord du lac.

J'ai déjâ un lunch d'organisé pour demain.
J'ai déjà un déjeuner de prévu pour demain.

À' vous besoin d'napkinnes?
Avez-vous besoin de serviettes de table?

Vous devriez assèyer not' spécial.
Vous devriez essayer notre plat du jour.

J'vous r'commande la table d'hôte.
Je vous recommande le menu à prix fixe.

Tchopper une banane en deux.
Couper une banane en deux.
MAIS
Y s'é faite tchopper.
Il s'est fait couper les cheveux plutôt courts.

Avez-vous besoin'd d'aut' z'ustensiles?
Avez-vous besoin d'autres couverts?

On serâ pâs à pied avec çâ!
Nous ne devrions vraiment plus avoir faim après avoir mangé tout cela.

Aliments et boissons

âldresse [all-dressed]	garni (pizza, hot dog, etc.)
baloune [balloon]	bulle
beigne	beignet (troué ou non)
beurre de pinottes	beurre de cacahuètes
beurrée	tartine
bière en fût	bière pression
binnes	fèves au lard
blé d'Inde	maïs
breuvage	boisson
broue	mousse / bière
bonn'ss [bunn]	brioche
canne [can] / kécanne	boîte de conserve
chicouté (m)	mûre blanche / jaune
chien chaud	hot dog
coke	coca
côrrn stârrtch (m) [corn starch]	fécule de maïs
costade / costarde	crème-dessert
crémage	glaçage
crème glacée / crème en glace	glace
djinndjœr êïl [ginger ale]	boisson douce au gingembre
draff [draft]	bière pression
fish èn' tchip [fish and chip]	poisson-frites
fodje [fudge]	fondant au chocolat
gadelle / gédelle	groseille à grappe
grêïvî (m) [gravy]	sauce brune / jus de viande

grill tchîze [grilled cheese]	sandwich au fromage grillé
lime	citron vert
liqueur	boisson gazeuse
du manger	de la nourriture
mâshmâlo (m)	guimauve / shamalo
m'lon brodé / cantaloupe (f)	cantaloup (chair orangée)
m'lon d'eau	pastèque
m'lon d'miel	melon (chair vert clair)
motton	grumeau
œufs miroir / au miroir	œufs sur le plat
pain doré	pain perdu
passé date	dont la date de fraîcheur est échue
patate / pétaque	pomme de terre
patates frites	frites
patates pilées	pommes de terre en purée
petite fève	haricot
piment / piment vert	poivron
poche de thé	sachet de thé
poudzigne	pouding
préservatif	agent de conservation
roteux	hot dog
rôties / toasts	pain grillé
shôrrtkêïke [shortcake]	tarte / gâteau sablé
shôrrt'nigne [shortening]	graisse végétale
soda à pâte	bicarbonate de soude
sous-marin	sandwich de forme allongée
spaghatti / spaghatte	spaghetti
spaghetti italien	spaghetti sauce tomate (avec ou sans viande)

steak haché	bœuf haché
tchârrcôl [charcoal]	charbon de bois
tchopper [to chop]	couper
tchoppe [chop]	côtelette
zucchinis	courgettes

Ça fait des balounes.
Ça fait des bulles.

Mangez-vous des atacâs avec vot' dinde?
Mangez-vous de la gelée de canneberge avec votre dinde?
(Ne pas confondre avec «*en tout câs*» ou «*en twé câs*», qui
veut dire «quoi qu'il en soit».)

Voulez-vous des rôties / des toasts pour déjeuner?
Voulez-vous du pain grillé au petit déjeuner?

On n'â pu d'croissants, mais on a des bonn'ss.
Nous n'avons plus de croissants, mais nous avons des
brioches.

Patates frites ou patates pilées?
Frites ou pommes de terre en purée?

Tsu veux-tsu m'chopper des légumes?
Veux-tu me couper des légumes?

On vâ vous faire des tchoppes de porc su'l tchârrcôl.
Nous allons vous faire griller des côtelettes de porc sur
charbons de bois.

barbecue

Notez que ce mot (qui se prononce «bârrbekiou») peut aussi bien désigner un gril de plein air (faire cuire quelque chose sur le barbecue) qu'une fête en plein air au cours de laquelle on mange des grillades (faire un barbecue) ou une sauce servant à agrémenter divers aliments (du poulet barbecue).

Aimez-vous les gâteaux avec bein du crémage?
Aimez-vous les gâteaux au glaçage généreux?

se sucrer le bec	manger une sucrerie
saffe / cochon	gourmand / glouton
manger comme un cochon	manger beaucoup
se bourrer à' face	s'empiffrer
se bourrer à' fraise	s'empiffrer
ça y sort par les oreilles	il est repu
chu bourré	je suis repu
chu plein	je suis rassasié

Mets typiquement québécois

---

bleuet / beluet / belua

Bien qu'il ne s'agisse pas d'un mets en soi, il convient de distinguer ce fruit bleu et charnu de la myrtille commune et des autres variétés d'airelles. De la grosseur tantôt d'un pois, tantôt d'une grosse framboise, le bleuet, générale-ment associé à la région du Lac-Saint-Jean, est très prisé et entre dans la composition de nombreux desserts. La récolte s'en fait vers la fin de l'été. Sert aussi à désigner, sur le ton de la blague gentille, les gens originaires de la région du Lac-Saint-Jean.

atacâ / atocâ / canneberge

Un autre fruit de la même famille, cette fois l'airelle des marais d'Amérique, sert à la préparation d'une gelée d'un rouge profond et légèrement acidulée qui accompagne merveilleusement bien les plats de dinde et les venaisons, entre autres.

cipaille / sipaille / cipâte (m)

En général, grand pâté dans la préparation duquel entrent des pommes de terre et diverses sortes de viandes. Aussi appelé «tourtière du Lac-Saint-Jean».

club-sandwich

Sandwich à «trois étages» garni de poulet, de bacon, de laitue, de tomates et de mayonnaise qu'on sert découpé en quatre portions triangulaires.

épluchette de blé d'Inde

Venu le mois d'août, selon une tradition remontant à l'époque des Amérindiens, le maïs se laisse manger sur l'épi, bouilli ou grillé, simplement garni de beurre fondu et de sel. Des fêtes populaires s'improvisent alors un peu partout, en famille ou entre amis, au cours desquelles on épluche les douzaines d'épis qui seront dégustés par les convives, le plus souvent avec une bonne bière froide.

les sucres / aller aux sucres / aller à' cabane à sucre

Au printemps, les érables sucriers sortent de leur torpeur hivernale et sécrètent une sève abondante qu'on récolte pour sa haute teneur en sucre comestible. Nombreux sont alors ceux qui, le plus souvent en famille ou entre amis, convergent vers les érablières pour s'y régaler d'*eau d'érable* (la sève elle-même), de *sirop d'érable* (sève bouillie jusqu'à ce qu'elle soit débarrassée de son eau) et de *tire d'érable* (sirop très épaissi qu'on verse encore bouillant sur la neige pour l'enrouler sur un bâton et s'en faire une friandise à déguster avant qu'elle durcisse).

On en profite généralement pour couronner le tout d'un festin de jambon, d'omelette, de *binnes* ou *fèves au lard* (haricots cuits au four avec des lardons et de la mélasse), et d'*oreilles de crisse* (grillades de lard), autant de préparations qu'on arrose généreusement de sirop d'érable.

Dans la même veine, on peut parler du *sirop de poteau* servi par certains restaurants bas de gamme. Il s'agit alors d'un sirop d'érable de piètre qualité, d'un sirop mixte, ou carrément d'un succédané aromatisé à l'érable.

tire Sainte-Catherine

Friandise à la mélasse qu'on prépare habituellement à la fin de septembre pour en faire des papillotes qu'on distribuera aux enfants le jour de l'Halloween (31 octobre) ou de la Sainte-Catherine (25 novembre), la fête des vieilles filles.

poutine

Frites garnies de fromage en grains (fondant sous l'effet de la chaleur), le tout étant nappé d'une sauce brune (poutine régulière) ou d'une sauce à base de tomate (poutine italienne).

pâté chinois

Mets populaire à base de bœuf haché qu'on fait revenir à la poêle et sur lequel on étend une couche de maïs en grains ou en crème avant de couronner le tout d'une couche de pommes de terre en purée. On le fait ensuite cuire au four jusqu'à ce que la couche supérieure soit croustillante et bien dorée.

smôke mî't [smoked meat]

Viande fumée servie sur pain de seigle (souvent en sandwich) et généralement accompagnée de cornichons à l'aneth.

cretons

Pâté de porc haché et de graisse.

tourtière

Tourte à la viande (en général du porc, du veau et du bœuf) préparée selon des recettes fort diverses d'une famille à une autre et d'une région à une autre.

Ce même mets est plutôt désigné du nom de *pâté à la viande* dans la région du Saguenay–Lac-Saint-Jean, où l'on appelle *tourtière* un gros pâté profond fait d'un mélange de viandes de boucherie ou de gibier et de pommes de terre en morceaux.

bûche / bûche de Noël
Gâteau roulé garni de glaçage marron et décoré de manière à rappeler une véritable bûche.

pouding-chômeur / pouding au chômeur
Dessert consistant à base de farine ou de mie de pain, à quoi l'on mêle un corps gras, du lait, des œufs et un sirop (souvent d'érable) avant de le mettre au four.

tarte au sucre
Tarte à base de cassonade et de crème ou de lait.

tarte à' farlouche
Tarte garnie d'un mélange de mélasse, de farine et de raisins secs.

muffin
Gâteau individuel de forme arrondie qu'on fait cuire au four et qui peut contenir divers ingrédients salés ou sucrés tels que fruits secs, fromage et autres. Souvent consommé au petit déjeuner ou en guise de goûter au cours de la journée.

boucane	fumée
dolle [dull]	ennuyeux / triste
emboucaner	enfumer
fin de semaine	week-end
flash	idée
fonne [fun]	plaisir
guêîme [game]	partie / match / jeu
intermission	entracte
kick	plaisir / satisfaction
La Ronde	parc d'attractions situé sur l'île Sainte-Hélène
pârrté [party]	partie / fête entre amis
plate	ennuyeux
pou'l [pool]	billard américain / snooker
rrêîve [rave]	soirée tardive de musique techno en des lieux insolites
scinique (m)	montagnes russes
show	spectacle
steppette	pas de danse
super le fonne	vachement sympa
surrprrâïse (m) [surprise]	surprise-partie
toune [tune]	air / mélodie / chanson
vues	cinéma

Tsu veux-tsu aller aux vues?
Veux-tu aller au cinéma?

98

Aimes-tsu mieux aller jouer au pou'l?
Préfères-tu aller jouer au billard?

Êtes-vous déjâ allé à' Ronde?
Êtes-vous déjà allé à La Ronde?

J'ai eu un flash.
J'ai eu une idée.

Ça m'â donné un de ces kicks!
Ça m'a procuré beaucoup de plaisir / une grande satisfaction!
MAIS
Y'â l'kick su' elle.
Il a le béguin pour elle.

Y va y avwêr un méchant pârrté.
Il va y avoir toute une fête.

On va avwêr un fonne nwêr.
Nous allons bien nous amuser.

Çé l'fonne à' mort.
C'est on ne peut plus amusant.
C'est très excitant.
C'est extrêmement divertissant.

Çé plate en bébitte. / Ça peut pâs êt' plus dolle.
Ce que ça peut être ennuyeux. / C'est triste à mourir. / On s'ennuie comme jamais.

Tires-twé une bûche.
Assieds-toi. / Va te chercher une chaise.

Y'â don bein d'la boucane, icid'ans!
Ce qu'il peut y avoir de la fumée, ici!

Arrête de nous emboucaner avec ta cigarette.
Cesse de nous enfumer avec ta cigarette.

Passer à' nuitte sa' corde à linge.
Passer une nuit blanche. / Veiller très tard.

Se rincer le dalot. / Prendre un coup. / Prendre un p'tit coup. / S'envoyer un verre en arrière d'la cravate. / Se paqueter. / S'pacter à' fraise. / E'rvirer une brosse. / Partir sa' brosse. / Partir su' une baloune.
Prendre un verre, ou une quantité plus ou moins importante d'alcool.

Caler une bière.
La boire rapidement, ou même d'un seul coup.

T'en bwé une shotte!
Tu bois beaucoup!

Y tinque en masse.
Il boit beaucoup.

Ça donne un méchant bozz [buzz]!
Ça étourdit. / Ça rend ivre.

Être éméché / émèché. / Être gorlot. / Être paqueté. / Être saoul comme une botte.

Être ivre à divers degrés.

Être faite. / Être faite à l'os.

Être complètement ivre.

(Notez que cette expression peut aussi vouloir dire «avoir perdu», «être perdu d'avance», «s'être fait avoir», «être voué à l'échec», «aller à sa perte», etc.)

Événements sportifs

---

soccœrr [soccer]	football (par opposition au football américain)
baloune [balloon]	ballon
ca'tcher	attraper
garnotte	coup solide
garnotter	lancer avec force
scâ'rer [to score]	marquer un but
semi-finales	demi-finales

Y'â ca'tché à' balle. / Y'â ca'tché l'ballon.

Il a attrapé la balle / le ballon.

Y'â kické à' baloune.

Il a botté le ballon. / Il a frappé le ballon du pied.

Ça joue roffe [rough].

Ça joue durement.

101

Y t'y â enwèyé une méchante garnotte!
Il a frappé un de ces coups!

Au hockey

gô'l [goal]	but
gô'ler [to goal]	garder les buts
gô'lœrr [goaler]	gardien de but
pads	protège-coudes / -épaules / -genoux / -tibias
poque (m/f) [puck]	palet / rondelle
scrêïper [to scrape]	gratter
slap shotte [shot]	lancer frappé

On va-tsu à' guêïme de hockey? de soccœr?
Ça te dirait d'aller au match de hockey? de football?
MAIS
Es-tsu guêïme?
Est-ce que ça te dit? / En as-tu le courage?

Qui ç'qui gô'l à swêr?
Qui garde les buts ce soir?

Y vont scrêïper à' glace.
Ils vont gratter la glace.

Les Canadiens jousent bein en maudzi.
Les Canadiens jouent vraiment très bien.

La Sainte Flanelle.
Les Canadiens (équipe de hockey de Montréal).

Rencontres et rapports intimes

---

accoté	en concubinage
agace-pissette	enjôleuse
bec	bise / baiser
bitch	garce
blonde	petite amie / compagne
boutch [butch] (péj.)	lesbienne
câsser	rompre
condom	préservatif
courâiller	courir les jupons
courâilleux	coureur de jupons
courir la galipote	courir les jupons
dëïte [date]	rendez-vous galant
domper [to dump]	laisser tomber
fif / tapette / moumoune (péj.)	gay / gai
fille de pârrté	fille qui aime faire la fête
flocher [to flush]	laisser tomber
gârs de pârrté	gars qui aime faire la fête
guidoune	putain
jâser	bavarder
kick	béguin / marotte
krou'zer [to cruise]	draguer
kyou'te [cute]	joli(e) / mignon(ne)

ma'tcher [to match]	présenter / tenter d'unir
mettre / se mettre	baiser
moffer [to muff]	rater / louper
placoter	bavarder
pogner	avoir du succès / tripoter
prette	prêt / prête
splitter [to split]	rompre
stèdé [steady]	stable / régulier
strêïT [straight]	hétérosexuel
stockoppe [stuck up]	puritain / réservé à outrance
swîtcher [to switch]	changer
tchomme [chum]	ami / petit ami / compagnon

Té tsu prette?
Es-tu prêt / prête?

Tomber en amour.
Tomber amoureux.

À m'â donné un bec.
Elle m'a fait la bise. / Elle m'a donné un baiser.

On â placoté une bonne demi-heure.
Nous avons bavardé pendant une bonne demi-heure.

On a juss jâsé.
Nous avons simplement bavardé.

J'pense qu'à' l'kick su mwé. / J'pense qu'à l'â l'kick su mwé.

Je crois qu'elle a le béguin pour moi.

Son kick, cé d'leur jouer l'grand jeu.

Sa marotte / Son divertissement favori, c'est de leur jouer le grand jeu.

Cé Paul qui nous â ma'tchés ensemble.

C'est Paul qui nous a présentés l'un à l'autre.

Faudrait bein essayer d'lé ma'tcher, cé deux-là.

Il faudrait bien que nous les présentions l'un à l'autre, ces deux-là.

J'ai l'impression qu'y'â moffé. / J'ai l'impression que son chien est mort.

J'ai l'impression qu'il a raté sa chance.

À pogne pâs pantoute avec les gârs.

Elle n'a aucun succès auprès des garçons.

MAIS

Y m'â pogné é' fesses.

Il m'a tripoté les fesses.

Y sortent stèdé depuis un bon boutte.

Ils ont une relation stable depuis un bon bout de temps.

Y sont accotés.

Ils vivent en concubinage.

J'te présente ma blonde.

Je te présente ma petite amie. (relation récente) / Je te présente ma compagne. (conjointe hors mariage)

J'te présente mon tchomme.

Je te présente mon petit ami. (relation récente) / Je te présente mon compagnon. (conjoint hors mariage)

MAIS

Ç'te gârs-lâ, c'é mon meilleur tchomme.

Ce gars-là, c'est mon meilleur ami.

Mé tchommes de fille.

Mes copines.

Ça fa deux semaines qu'y'ont câssé / splitté.

Ça fait deux semaines qu'ils ont rompu.

Y l'â flochée. / À'l l'â dompé.

Il / Elle l'a laissé tomber.

Ch't'aime comme que t'é.

Je t'aime tel(le) que tu es.

Ç'te fille-lâ, è complètement stockoppe.

Cette fille-là est tellement réservée qu'il n'est absolument pas question de coucher avec elle, ni peut-être même de la toucher ou de lui donner un baiser.

(On dit aussi, dans un contexte plus large, «stocké» ou «pogné» pour signifier «pris», «embourbé», «bloqué» ou «en proie à des blocages».)

Y pâsse son temps à courir la galipote.
C'est un coureur de jupons.
(Notez que cette même expression peut aussi simplement
vouloir dire, sur un ton plaisant, «sortir» ou «errer sans but
précis», comme dans «T'é t'encore allé courir la galipote?»)

Çé juss une guêïme qui joue avec twé.
Ce n'est qu'un jeu pour lui.

À l'arrête pâs d'swîtcher d'tchomme.
Elle change constamment de petit ami.

RAPPORTS HUMAINS EN GÉNÉRAL

accommoder	rendre service
achaler	importuner
batâille	violente dispute
se batâiller	se battre
binne / bette	visage (expression)
bitcher [to bitch]	critiquer
bretter	lambiner
ca'tcher [to catch]	comprendre
chicane	dispute
chicaner	disputer
djôke [joke]	blague
djôker [to joke]	faire des blagues
enfarger	faire trébucher
enfirwâper	embrouiller (quelqu'un)

ertontir	arriver à l'improviste chez quelqu'un
ervenger	venger
menterie	mensonge
mou'ver [to move]	grouiller / se grouiller
niaisage	badinage / temps perdu en futilités
niaiser	faire perdre son temps
passer	prêter
planter	tabasser / battre
pogner	attraper / saisir / tripoter
rochant [to rush]	qui fait suer
ronner [to run]	diriger
sa'crer son camp	partir
sa'crer une claque	donner une claque
sparage	ostentation / énervement
troster [to trust]	faire confiance
twister [to twist]	déformer
zigonner	tourner en rond / s'acharner sans succès / perdre son temps en futilités

Tsu y'a tsu vu à' binne / bette? / Tsu y'â tsu vu à' face?
As-tu remarqué son expression? / Quelle tête il fait!

Si ça peut vous accommoder...
Si ça vous arrange... / Si ça peut vous rendre service...

Tsu parles d'un nom à coucher dwâor!
Quel nom bizarre!

Tasse-twé! / Tasse-twé d'lâ! / Tasse-twé de d'lâ!
Pousse-toi! / Dégage! / Fais de l'air!

Wôwe les moteurs!
On se calme!

Les nerfs!
Ne t'énerve pas comme ça!

Tsu m'passes-tsu ton livre?
Me prêtes-tu ton livre?

Awèye! / Embrèye! / Dziguédzine!
Dépêche-toi! / Cesse de lambiner! / Accélère!

Awèye, mou've!
Allez, grouille-toi!

Achale-mwé pâs.
Laisse-moi tranquille. / Cesse de m'importuner.

Arrête don(c)!
Tu n'es pas sérieux? / C'est une blague? / Tu veux rire? /
J'ai du mal à te croire.

Arrête don(c) d'bitcher cont' toute!
Cesse donc de tout critiquer!

Arrête tes sparages!

Cesse de t'énerver pour rien. / Cesse de gesticuler. / Cesse de nous en mettre plein la vue.

Arrête de twister tout ce que ch'te dzi.

Cesse de déformer tout ce que je te dis.

Arrête don(c) de bretter!

Cesse donc de lambiner!

Arrête don(c) de zigonner!

Cesse donc de jouer avec cela. / N'as-tu pas fini de perdre ton temps? / Arrête de tourner autour du pot.

Arrête don(c) de niaiser!

Cesse donc de dire des bêtises! / Cesse donc de faire le pitre! / Cesse donc de te moquer! / Cesse donc de perdre ton temps en futilités!

J'aime pâs çâ m'faire niaiser.

Je n'aime pas qu'on se paie ma tête.

Si y pouvait arrêter d'niaiser, ça irait pâs mal plus vite.

S'il ne lambinait pas tant, ça irait beaucoup plus vite.

J'ca'tche pâs ton affaire.

Je ne comprends rien à ce que tu dis / à ce que tu fais.

Parler dans l'casse (casque).

Dire ses quatre vérités à quelqu'un. / Engueuler.

Y t'y â parlé su' un vrai temps.

Il lui a parlé sans ménager ses paroles.

Pogner une chicane.

Avoir une dispute.

J'l'ai pogné juss à temps.

Je l'ai attrapé juste à temps (au sens propre comme au figuré).

Ch'te dzi qu'à s'é faite planter!

Elle s'est fait solidement tabasser.

OU

Elle s'est fait battre à plate couture.

Ça' pâs pris d'temps qu'à s'é 'rvengée.

Elle n'a guère mis de temps à se venger.

Brâsser le cadran.

Secouer vivement (au figuré comme au sens propre).

Ç't'a juss une djôke.

Ce n'était qu'une blague.

Prends pâs tout c'qui dit pour du cash.

Ne prends pas tout ce qu'il dit pour de l'argent comptant.

Passer au cash. / Manger sa claque. / Manger une volée. /
Manger toute une volée.

Se faire tabasser.

Je l'tross [trust] pâs pantoute.

Je ne lui fais nullement confiance.

Nos voisins sont pâs mal rochants.

Nos voisins nous font passablement suer.

Çé rochant, c't'affaire-lâ!

Ce n'est pas de tout repos, cette histoire-là!

Tchèke-twé bein!

Fais bien attention à toi.

Ça' pâs rapport.

Ça n'a aucun rapport.

MAIS

Y'â pâs rapport. / Y'â pâs rap'.

Il est complètement dans l'erreur. / Il est complètement
déphasé. / Il divague. / Il n'a rien à faire ici.

Vâs-y fort!

Ne te gêne surtout pas!

Y'arrête pâs d'ronner tout le monde.

Il ne cesse de donner des ordres à tout le monde.

achalandé	très fréquenté
arranger	réparer
bill	facture
boulchitte [bullshit]	foutaise / baratin
buanderie	blanchisserie
caméra	appareil photo / caméscope
cash	caisse (enregistreuse) / argent comptant
centre d'achat	centre commercial
crête [crate]	cageot
de seconde main	usagé / d'occasion
dépanneur	épicerie de dépannage
département	rayon
dî'l [deal]	affaire / aubaine
dî'ler [to deal]	marchander
discontinué	dont la production a été abandonnée
dispendieux	cher / coûteux
floche [flush]	à ras / au niveau / juste / en ordre
item	article
kit	jeu / ensemble / série / nécessaire / bazar
manufacture	usine / fabrique
ma'tcher [to match]	harmoniser
médium	moyen / de taille moyenne
nettoyeur	teinturier / pressing

neu	neuf
scrappe [scrap]	camelote
spécial	solde / prix d'ami
stock	marchandise
stoffe [stuff]	produit
storage	entreposage
tchèker [to check]	regarder / vérifier
tchî'pe [cheap]	peu cher / de piètre qualité
vente	solde
TPS	taxe de vente fédérale
TVQ	taxe de vente du Québec

Papeterie

aiguisoir	taille-crayon
attache-feuilles / clip	trombone
broche	agrafe
brocheuse	agrafeuse
efface	gomme à effacer
pad	bloc-notes
scotch têïpe [scotch tape]	ruban adhésif

Quincaillerie

bôte [bolt]	boulon
décapant	dissolvant à vernis
dril' [drill]	perceuse

papier sâblé	papier de verre / d'émeri
quincaillerie	quincaillerie / droguerie / marchand de couleurs
sâbler	poncer
sâbleuse	ponceuse
spré [spray]	aérosol
sprigne [spring]	ressort
taraud	écrou
vâïze-grippe [vise-grip]	pince-étau

Soins personnels

fixatif	laque pour les cheveux
kyou tipss [Q-Tips]	coton-tiges
poli à ongles	vernis à ongles
spré [spray]	aérosol
spré nette [spray net]	laque pour les cheveux

Articles divers

batterie	pile
carrosse	landau / poussette
enregistreuse	magnétophone
kodak	appareil photo
pousse-pousse	poussette
ratine	tissu-éponge

| *satchœl [satchel]* | sac de sport / de voyage |
| *système de son* | sono / chaîne stéréo |

On peut vous l'arranger.
Nous pouvons vous le réparer.

Voulez-vous l'kit au complet?
Voulez-vous l'ensemble complet?

J'ai un beau kit de maquillage à vous montrer.
J'ai un beau nécessaire de maquillage à vous montrer.

Toute le kit.
Tout le bazar.

Écoute pâs c'qui dzi, çé toute d'la boulchitte.
N'écoute pas ce qu'il dit, c'est de la foutaise.

On n'â pâs de d'çâ.
Nous n'en avons pas.

Y'ont rien qu'd'la scrappe, icitte.
Ils n'ont que de la camelote, ici.

Y'â rien qu'du neu, icitte.
Il n'y a ici que du neuf.

Ç't'un méchant dî'l [deal].
C'est une très bonne affaire. / C'est toute une aubaine.

On â réussi à y dî'ler çâ pâs cher.
Nous avons réussi à lui faire baisser son prix.

Ç't'un spécial que j'vous fais.
C'est un prix d'ami que je vous fais.

Tout est en spécial.
Tout est en solde.

V'nez vwêr nos spéciaux.
Entrez voir nos rabais.

Vente (dans une vitrine, sur une affiche, en réclame dans le journal)
Solde
(Dans tout autre contexte, le mot «vente» conserve son sens habituel.)

Cé du bein bon stock.
C'est de la très bonne marchandise.
MAIS
On dira aussi «C'est du stock!» pour signifier qu'une matière est difficile à assimiler, qu'une vérité est difficile à accepter ou qu'une tâche à abattre constitue tout un défi. Dans la même veine, on dira aussi «C'est tou motche [too much]!» pour «C'est trop!».

Ç't'un bon stoffe.
C'est un bon produit.

Voulez-vous un stoffe pour le cuir?
Voulez-vous un produit d'entretien pour le cuir?

Vous allez trouver çâ dans l'département des jouets.
Vous trouverez ça au rayon des jouets.

Mont' don(c) wêr.
Montrez-le / -la moi, que je le / la voie.

Ça arrive floche.
Tout est parfaitement ajusté. / Tout se place à merveille. /
Tout est parfaitement en ordre.

Ça ma'tche pâs pantoute.
Ces deux articles ne vont pas du tout ensemble.

Les couleurs ma'tchent pas.
Les couleurs ne vont pas bien ensemble.

Y faut toujours tchèker le prix avant de choisir.
Il faut toujours s'assurer du prix avant de fixer son choix.

On peut vous l'garder en storage si vous voulez.
Nous pouvons l'entreposer pour vous si vous le désirez.

Combien vous voulez mette?
Combien êtes-vous disposé à payer?

Y faut aller au cash pour payer.
Vous devez payer à la caisse.

On prend juss du cash.
Nous n'acceptons que l'argent comptant.

La taxe est pâs dans l'prix. / Le prix comprend pâs é' taxes.
Le prix affiché n'inclut pas les taxes.

Vêtements et accessoires

---

bâs	bas / chaussette
bobettes	petites culottes / caleçons
bourse	sac à main
bo'xœrr [boxer]	short / caleçon
brassière	soutien-gorge
camisole	maillot de corps
cass (casque)	chapeau / casquette
chandail	chandail / t-shirt
claques / chaloupes	caoutchoucs / couvre-chaussures
corduroi [corduroy]	velours côtelé
cô'te [coat]	manteau / veste / veston / coupe-vent / parka
cô'te [coat] d'hiver	manteau d'hiver
cô'te [coat] d'habit	veste
costume de bain	maillot de bain
djom'pœrr [jumper]	robe-chasuble

fitter [to fit]	s'ajuster
flaïye [fly]	fermeture-éclair
foulard	écharpe
gougounes	sandales de plage / pantoufles tricotées maison
habit	complet
jaquette	chemise de nuit
kangourou	sweat-shirt à poche ventrale
mitaine	moufle
overâll	salopette
robe de chambre	peignoir
sacoche	sac à main
slack	trop large / lâche
strètché [stretchy]	extensible / élastique
taïte [tight]	serré
tuque	bonnet de laine
veste	gilet / lainage
veston	veste
zippœr [zipper]	fermeture-éclair

E'rmonte ta flaïye.
Remonte ta fermeture-éclair.

Aimez-vous les pantalons stretchés?
Aimez-vous les pantalons fuseau?

Les manches sont-tsu trop taïtes?
Les manches sont-elles trop serrées?

Attache ta tuque et la broche : hang on! (for the worst) it's going to be like hell

120

Ça fitte-tsu?

Est-ce que ça vous fait?

(Notez que le mot *fitter* s'utilise aussi chaque fois qu'il est question d'ajuster une chose à une autre, par exemple «Le bouchon *fitte*-tsu sa' bouteille?», et même au sens figuré : «Y *fitte* pâs pantoute dans l'décor.» pour dire d'une personne ou d'un objet qu'il ne s'intègre pas du tout à l'environnement dans lequel il se trouve.)

VIE PROFESSIONNELLE

application	demande d'emploi
barbier	coiffeur pour hommes
boss	patron / supérieur
briqueleur	briqueteur / maçon
châroèyer	transporter
chienne	blouse (de laboratoire / de médecin, etc.)
chiffre [shift]	quart de travail
clairer [to clear]	renvoyer / éliminer
comptable agréé (C.A.)	expert-comptable
contracteur	entrepreneur
dactylo (m/f)	machine à écrire
docteur	médecin
en charge	responsable
flopper	rater
foreman	contremaître
gô'ler [to goal]	se dépêcher / s'activer

kicker [to kick] dwâor	mettre à la porte avec perte et fracas
M.D. [medical doctor]	médecin
minutes d'une assemblée	procès-verbal
occupation	profession / métier
opérer	fonctionner / agir
ôvœrrtâime [overtime]	heures supplémentaires
patenteux	bricoleur ingénieux
pédaler	aller vite / être rapide
pogner	accrocher / avoir du succès
position	poste / emploi / situation
professionnel	membre d'une profession libérale
roche [rush]	pression / urgence
rodé	entraîné / préparé / pleinement fonctionnel
ronner [to run]	diriger
sarrau	blouse (de laboratoire / de médecin, etc.)
shoppe [shop]	usine
spî'tch [speech]	laïus
stèdé [steady]	stable
suite 217	bureau 217
surtemps	heures supplémentaires
toffer [to tough]	durer / persister / tenir
vidangeur	éboueur

Quelle est votre occupation?
Quel / Quelle est votre métier / profession?

T'âs-tsu une bonne djob / un bonne position?
As-tu un bon emploi / un bon poste?

La personne en charge.
Le / La responsable.

Y m'ont faite remplir une application.
Ils m'ont fait remplir un formulaire de demande d'emploi.

J'ai faite application à' banque.
J'ai postulé pour un emploi à la banque.

À l'â complètement floppé son examen.
Elle a complètement raté son examen.

S'enfarger dins fleurs du tapis.
Se mettre les pieds dans les plats. / Se perdre en détails
confus et inutiles.

Y trouve çâ pâs mal toffe.
Il trouve ça plutôt difficile / exigeant.

Y'ont pas toffé deux mois.
Ils n'ont pas tenu deux mois.

J'me su faite clairer.
J'ai été remercié / renvoyé.

J'ai réussi à clairer toutes mes dettes.
J'ai réussi à liquider toutes mes dettes.

Çé quelqu'un d'stèdé.
C'est une personne stable.

Ç't'un professionnel.
Il est membre d'une profession libérale.
MAIS
Y'é professionnel.
Il a le sens du travail bien fait. / Il agit selon les règles de l'art.

Çé lui qui ronne la place.
C'est lui qui dirige, ici.

Ch'te dzi qu'y pédale!
Il travaille avec une grande rapidité. / On dira aussi «Ç't'un p'tsi vite!»

À travaille dans' une shoppe.
Elle travaille dans une usine.

J'lé trouve pâs mal bein rodés.
Je les trouve très bien préparés / entraînés. / Je constate que les opérations se déroulent très rondement.

Ça opère! / Ça y vâ par là! / Ça roule en grand!
Ça fonctionne de manière efficace. / Ça tourne rondement. / Les gens se donnent à plein.

On é tout le temps dans l'roche [rush].
Nous travaillons toujours sous pression.

On é sur un roche.
Nous avons une échéance très serrée.

Ch'sans qu'ça vâ pogner, ç't'affaire-lâ.
Je sens que ce produit va avoir du succès auprès du public.

flo	enfant
gârs	fils
matante	tante
môman	maman
mononcle	oncle
pôpa	papa
trâlée	bande / ribambelle

Comment vont tes flos?
Comment vont tes enfants?

Ch't'allé chez mon mononc' pi ma matante.
Je suis allé chez mon oncle et ma tante.

Y t'ont une méchante trâlée d'enfants.
Ils ont vraiment beaucoup d'enfants.

MAIS

trâlée s'emploie aussi au figuré pour désigner tout regroupement plus ou moins important de personnes ou d'objets.

SENSATIONS, ÉMOTIONS ET ÉTATS D'ÂME

Avwêr des bébittes.
Être quelque peu névrosé. / Avoir des problèmes personnels à résoudre.

Avwêr la chienne.
Avoir peur. / Ne pas avoir le cran de faire quelque chose.
MAIS
Avwêr d'l'air d'la chienne à Jâcques.
Être mal habillé / coiffé / maquillé.
Avoir l'air fatigué / abattu / déprimé.

Avwêr d'la misère.
En arracher.

Avwêr d'la misère à toffer à' ronne [run].
Avoir du mal à tenir le coup.

Avwêr le motton.
Être triste / Avoir la gorge serrée.

Avwêr son troc [truck] / son voyage. / En avwèr plein l'cass (casque).
En avoir assez / par-dessus la tête.

Capoter. / Capoter bein raide.
S'énerver, paniquer, perdre la tête.

Être tout à l'envers.
Être complètement retourné / bouleversé.

Être débiné / pâs mal débiné.
Être plus ou moins décontenancé.

Être désappointé / pâs mal désappointé.
Être plus ou moins déçu.

Être flagadou.
Être raplapla.

Être roffe èn' toffe [rough and tough].
Jouer les durs à cuire.

Être sa' bomme / pâs mal sa' bomme [bum].
Être plus ou moins fatigué.

Être sécure / insécure.
Se sentir en sécurité. / Ne pas se sentir en sécurité.
(«Sécure» s'emploie aussi pour dire «sûr» ou «sécuritaire».)

Tripper [to trip].
S'amuser.

Ça trippe-tsu?
On s'amuse?

Ça trippe fort!
On s'amuse follement!

Être sur un trip. / Être parti sur un trip.
S'acharner à poursuivre un objectif, souvent peu réaliste ou carrément futile, de façon plus ou moins obsessive.

Badtripper.
Paniquer. / Souffrir. / Être dans tous ses états.

Être tanné / pâs mal tanné / tanné au boutte.
Selon le contexte et l'emphase, peut vouloir dire (à divers degrés) fatigué, las, désabusé, déprimé, incapable de supporter plus longtemps, ne plus pouvoir continuer comme ça...

Faire la baboune.
Bouder.

Faire le saut / Djom'per [to jump] / Stepper [to step].
Sursauter.

Filer doux.
Se montrer aussi docile et discret que possible.

Filer un mauvais coton.

Traverser une mauvaise passe. / Ne pas se sentir bien. /
Être de mauvaise humeur.

Avwêr le caquet bâs.

Avoir la mine basse.

Manger ses bâs.

Ronger son frein. / Être mal à l'aise. / Regretter amère-
ment. / Être dans tous ses états.

J'en peux pu.

Je n'en peux plus.

Rocher [to rush].

Éprouver des difficultés. / Passer un mauvais moment.

Virer su'l top.

Perdre la tête.

TRAITS DE CARACTÈRE, COMPORTEMENTS ET ATTITUDES

accoté	accoudé / appuyé
amanché	habillé
baveux	taquin / méprisable
bla'ster [to blast]	engueuler
boulchiter [to bullshit]	déconner / dire des sornettes
bomme [bum]	voyou

129

capoté	original / fantaisiste / téméraire
croche	malhonnête
expert	habile
feluette	gringalet
fin / fine	gentil / gentille
frachié	orgueilleux / prétentieux
gougoune	niais / idiot
grand djack [Jack]	homme de grande taille
hèvé [heavy]	dur / qui en impose
nœrrd [nerd]	abruti / gringalet / intellectuel
niaiseux / nono / toton / épais	imbécile / abruti / niais
ostineux	qui aime à s'obstiner, à contredire, à disputer
pèté / sauté	original / fantaisiste / excentrique / téméraire
pèteux de broue	prétentieux
pissou	peureux / soupe au lait
poche	malhabile / peu doué
quétaine	ringard
ratoureux	joueur de tour
robineux	clochard
roffe [rough]	dur
sans-dessein	imbécile / idiot / stupide
shâ'rrpe [sharp]	brillant / vif d'esprit
slô / slô'mô / slô'môshyœn [slow motion]	lent / au ralenti
smatte [smart]	gentil / habile / intelligent
snô'ro	coquin

stické [stucked]	accroché
strêït [straight]	strict / droit / honnête / franc / juste / loyal
tchî'pe [cheap]	mesquin / radin
Ti-djo connaissant	monsieur sais-tout
tocson	rustre / costaud
toffe [tough]	dur à cuire
twister [to twist]	déformer
twitte	stupide
vlimeux / vlimeuse	espiègle

Y'était accoté sa' table.
Il était accoudé sur la table.

Accote-twé pas su'l mur.
Ne t'appuie pas contre le mur.

Avwêr du front (tout l'tour d'la tête).
Avoir du cran (à revendre). / Ne (vraiment) pas avoir froid aux yeux. / Être (on ne peut plus) malpoli / impertinent / audacieux.

È pâs bein fine avec lui.
Elle n'est pas très gentille avec lui.

Tsu parles d'un frachié!
Quel prétentieux! / Que d'orgueil!

T'é don(c) bein gougoune!
Ce que tu peux être idiot!

MAIS AUSSI

Tsu m'as d'l'air pâs mal gougoune!
Tu me sembles être plutôt dans les vapes!

Un espèce de grand djack.
Quelqu'un de particulièrement grand (et généralement mince).

Tsu parles d'un sans-dessein!
Quel imbécile!

T'é don(c) bein sans-dessein!
Ce que tu peux être idiot / stupide / nul!

Comment s'qu'y'é t'amanché?
Comment peut-il être aussi mal habillé?

T'é bein baveux!
Ce que tu peux être taquin / provocateur!

Çé rien qu'un maudzi baveux!
C'est un personnage méprisable / exécrable au plus haut point.

Y te l'â blasté d'aplomb!
Il l'a sérieusement engueulé!

Y s'é faite blaster pâs rien qu'à peu près!
Il s'est fait engueuler comme pas deux.

Arrête don(c) d'boulchiter!

Cesse donc de dire n'importe quoi / de nous mener en bateau.

Y'â pâs mal de bommes dans l'boutte.

Il y a pas mal de voyous dans les environs.

Ç't'un gârs croche.

C'est quelqu'un de malhonnête.

MAIS

Y'â é' zyeux croches.

Il louche.

È t'experte dans toute.

Elle est habile en tout.

Y'arrêtent pâs d's'ostiner, ces deux-lâ.

Ils n'arrêtent pas de se disputer / de se tenir tête, ces deux-là.

Ç'te fille-lâ, è complètement pètée / sautée.

Cette fille-là est on ne peut plus excentrique. / Cette fille-là n'a aucune limite.

T'é rien qu'un pèteux de broue!

Ce que tu peux être prétentieux.

T'é bein poche!

Ce que tu peux être maladroit / malhabile! / Ce que tu peux mal jouer! / Tu n'es vraiment pas doué!

TRAITS DE CARACTÈRE, COMPORTEMENTS ET ATTITUDES

MAIS AUSSI

Ça vaut pâs cher la poche.

Ça n'a vraiment que très peu de valeur.

T'é don(c) bein ratoureux!

Ce que tu peux aimer jouer des tours. / Tu te paies vraiment la tête des gens. / Tu nous as encore eus.

Y'é pâs mal roffe avec tout le monde.

Il est plutôt dur avec tout le monde.

T'é complètement sauté / capoté!

Ce que tu peux être fou / fantaisiste / téméraire!

Y'é slô / slô'mô comme çâ s'peut pâs!

Il est on ne peut plus lent (au sens propre comme au figuré).

Y'é pâs mal smatte.

Il est plutôt gentil et serviable. / Il est passablement habile de ses mains. / Il fait preuve d'une certaine intelligence.

MAIS

Fa pâs ton smatte.

Ne te montre pas plus intelligent que tu ne l'es. / N'essaie pas de nous impressionner.

Ç't'un méchant gorlot.

Il n'a vraiment aucun jugement.

Ch'te trouve pâs mal hèvé [heavy].

Je te trouve très dur. / Je trouve que tu insistes très lourdement. / Il me semble que tu t'imposes pas mal.

Tsu parles d'un drôle de moineau!

Tu parles d'un original! / Quel personnage fantaisiste / farfelu / bizarre / étrange!

Twé, mon snô'ro!

Coquin, va!

Un p'tsi snô'ro. / Un moyen snô'ro. / Un méchant snô'ro. / Toute un snô'ro.

Indiquent différent degrés de malice et de coquinerie.

Y'é stické su son idée.

Il ne démord pas de son idée.

Avwêr des plans d'nèg (de nègre).

Avoir des idées saugrenues / Nourrir des projets farfelus.

Ch'te trouve pâs mal tchî'pe.

Je te trouve bien mesquin.

È bein strëït avec tout le monde.

Elle se montre toujours droite, juste et intègre envers tous.
MAIS
Ça s'peut pâs comment ç'qu'è strëït!

Elle est tellement stricte et rigide qu'elle en est chiante et ennuyante.

Un vra ti-djo connaissant!
Il a toujours réponse à tout, celui-là!

Un méchant tocson!
Un de ces rustres / costauds comme on en voit rarement.

Ça s'peut-tsu êt' twitte de même?
Comment peut-on être aussi stupide / simple d'esprit?

Y leur a twisté çâ...
Il leur a raconté n'importe quoi.

Àn' n'a d'dans!
Elle a de l'énergie à revendre!

Être dins patates / dins choux / dans le champ.
Être dans l'erreur / à côté de ses pompes.

Être magané / poqué.
Selon le contexte, peut vouloir dire :
Être fatigué, affaibli;
Être amoché;
Être en piteux état.
On dit aussi *Se faire maganer* (maltraiter / malmener).

Y'é parti su' une strètche.
Il est sur sa lancée. Rien ne peut l'arrêter.

Y'é tsu quétaine, yeinqu'ein peu!
Ce qu'il peut être ringard!

(Notez que «quétaine» s'emploie aussi couramment pour qualifier toute chose ou situation ridicule, démodée ou insignifiante.)

AUTRES MOTS ET EXPRESSIONS BIEN DE CHEZ NOUS

au plus sacrant	au plus vite
brun	marron
écartillé	écarté / écartelé
garrocher	lancer (propre et figuré)
gorgoton (m)	gorge
oubedon	ou
paqueter	empaqueter / faire ses bagages
spotter [to spot]	repérer
supposé	censé
supposément	censément
tataouinage (m)	complication inutile

tataouiner / taponner / zigonner
Perdre (ou faire perdre) son temps, manipuler distraitement, tourner en rond, badiner...

ambitionner
Aller au-delà de ce qui est raisonnable ou convenable, exagérer.

Ayoye!
Ça fait mal! / Quelle déclaration percutante!

bécosses

Il peut aussi bien s'agir des «W.-C.» d'un établissement conventionnel (dans un sens très familier) que des «latrines» d'un chalet ou d'un terrain de camping, comme dans «Faut qu'j'aille aux bécosses.»

drabe

S'emploi au sens propre pour désigner la couleur «beige», mais aussi au sens figuré pour dire «terne» ou «ennuyeux».

flabœrrga'sté

Abasourdi

gosser

S'amuser à travailler le bois au couteau.

MAIS

S'emploie aussi au figuré pour dire «Tourner autour du pot», «S'évertuer ou s'acharner sans succès», «Revenir constamment à la charge», «Perdre son temps à une chose inutile».

venir

Remplace parfois «devenir», comme dans «*Y'é v'nu toute rouge.*», ou «atteindre l'orgasme», comme dans «*É tsu venu(e)?*».

Ça y vâ en grand / en grande! / Ça y vâ par lâ!

On fait les choses en grande! / Ça va vite!

Çé tsiguidou. / Toute é tsiguidou.
Ça va très bien. / Tout est parfait.

Ç'pâs des farces.
On ne rigole plus.

Ç'pâs l'yâb.
Ça ne vaut pas grand-chose.

Ç'pâs l'yâb mieux.
Ce n'est guère mieux.

Le yâb é pogné dans' cabane. / La chicane é pognée.
On s'engueule ferme là-dedans. / Les hostilités sont ouvertes. / Ils ont une dispute.

Ç'pâs coulé dans l'béton, leur affaire.
Rien n'est moins sûr. / Tout peut encore changer. / Ils n'ont peut-être pas tout à fait raison. / Ils ne détiennent pas la vérité absolue.

Ça vâ mal à' shoppe.
Ça va mal. / Ça ne se passe pas comme prévu.

Ch't'en pâsse un papier!
Tu l'as dit! / On ne rigole plus!

Ch'ter ses choux grâs.
Gaspiller.

Débouler.

Dévaler. / Dégringoler.

Y t'leur â déboulé çâ!

Il leur a dit tout ce qu'il avait sur le cœur. / Il leur a déballé son sac. / Il leur a débité l'information voulue en un rien de temps.

En tsitsi

Beaucoup

En 'rvenir / Er'viens-en!

S'en remettre. / Se faire une raison. / Cesser de répéter sans cesse la même chose.

États-Unis

Vous entendrez aussi bien «Lé zétâs» que les «Lé s'tâ zunis», et «aux zétâs» que «aux s'tâ zunis», mais aussi «aux Stêïtss» [*States*].

Prendre une débarque. / Pogner une méchante débarque.

Trébucher. / Tomber de plus ou moins haut et plus ou moins mal. / S'emploie aussi au figuré dans le sens d'«échouer».

Sur un vrai temps.

Tout à fait. / À fond.

Ça y vâ sur un vrai temps!

Ça roule à pleine vapeur!

Y'en â en masse. / Y'en â pour les fins p'é fous. / Y'en â un châr pi une barge.

Il y en a amplement / énormément / plus qu'il n'en faut.

Ça r'garde mal.

Ça s'annonce mal. / C'est de mauvais augure. / C'est mauvais signe.

Ervoler

Ce mot peut revêtir des sens légèrement différents selon le contexte dans lequel il est employé :

Y'â 'rvolé à terre.

Il a été projeté par terre.

Le sang 'rvolait partout.

Le sang pissait dans tous les sens.

Quant à l'â échappé son verre, ça 'rvolé su mwé.

Quant elle a laissé tomber son verre, son contenu m'a éclaboussé.

Quand la vit' â pèté, ch'te dzi qu'ça 'rvolé!

Quand la vitre s'est brisée, elle a volé en éclats!

Mets-en, ç'pâs d'l'onguent!

Ne te gêne surtout pas pour en mettre! / Sers-moi généreusement. / Appliques-en une bonne couche!

Yeinqu'à wêr, on wé bein!

Il suffit de regarder pour se rendre à l'évidence. / C'est l'évidence même! / Comment peut-on être assez bête pour ne pas voir de quoi il retourne / ce qu'il en est vraiment?

Un m'man' n'é.

À un moment donné. / Un de ces quatre. / En temps et lieu.

Bein wèyons don(c)!

N'exagère tout de même pas! / N'exagérons rien! / Soyons sérieux! / Cela n'a aucun sens!

Y'â toujours bein un boutte!

Il y a tout de même des limites!

Woup' élaï!

Oops!

Frapper l'djack potte [jackpot].

Décrocher le gros lot.

MAIS AUSSI

On peut dzire que t'âs frappé l'djack potte.

Il semble que tu aies déniché la perle rare.

(S'emploie aussi bien pour parler d'un objet que d'un emploi ou d'une personne de l'autre sexe.)

Loin de nous l'idée de vous inciter à utiliser les mots et expressions qui suivent. Bien au contraire, nous vous déconseillons tout à fait de vous aventurer dans cette voie. Non seulement aurez-vous beaucoup de difficulté à les prononcer d'une manière convaincante et à les employer comme il se doit en contexte, mais vous risquez en outre de froisser la sensibilité de vos interlocuteurs, voire d'offenser certaines personnes, et d'attirer sur vous des regards (ou des pensées) vertement réprobateurs. Bref, vous ne gagnerez les faveurs d'à peu près personne en tenant un tel langage et ne récolterez le plus souvent qu'un triste jugement en échange du mal que vous vous donnerez.

Si nous prenons la peine de les consigner ici, c'est uniquement pour que vous soyez en mesure de les reconnaître dans la bouche de certains de vos vis-à-vis, car ils sont encore très présents par endroits. Bien que quelques-uns d'entre eux soient aujourd'hui plutôt banalisés, il n'en reste pas moins qu'il s'agit, dans tous les cas, de vulgarités, manifestement absentes d'un langage un tant soit peu soigné.

Vous noterez par ailleurs la multiplication des références aux objets sacrés et à la religion («sacrer» signifie d'ailleurs «dire de gros mots», plus particulièrement «vulgariser des mots à caractère sacré»). C'est que la religion a occupé une place centrale au Québec jusque dans les années soixante, le clergé ayant toujours exercé une très forte influence sur toutes les couches de la société. Or, c'est souvent par sentiment de révolte contre les abus de l'Église qu'on s'est mis à en désacraliser les objets les plus représentatifs de son autorité.

Bâtârd!

Baptême!
Parfois atténué en «batèche» ou «batêche».

Câliss (calice)!
Parfois atténué en «câlik», «câline» ou «câline de binne».
Parfois enchaîné à «tabarnak» : «Câliss de tabarnak!»

Câlisser son camp
Partir

Câlisser une volée
Donner une raclée

Calvaire!
Parfois atténué en «calvette», «calvinus» ou «calvénus», et déformé jusqu'à donner «joualvert», qui pourrait aussi vouloir dire «cheval vert»!.

Ciboire! / Cibwêre!
Parfois atténué en «câlibwêre» (mélange de «câliss» et «cibwêre»). Parfois précédé de «saint» : «être en saint cibwêre».

Criss (Christ)!
Parfois atténué en «cliss» ou en «crime».

Crisser un coup de poing.
Donner un coup de poing.

Décrisser
Partir / Prendre la poudre d'escampette

On dira aussi «dékâlisser», «décrisser» ou «déconcrisser» pour «détruire», «démolir» ou «briser», comme dans «Mon châr est toute dékâlissé / décrissé / déconcrissé.», ou, au figuré, «Chu toute dékâlissé / décrissé d'la vie.» pour «Je ne suis vraiment pas en forme» ou «Je suis complètement déprimé.»

Foque [fuck]!
Merde!

Foque [fuck] off!
Tant pis! / Au diable!

Foque [fuck] you!
Va te faire enculer!

Foqué [fucked]
Détraqué (personne ou objet)

Maudzi (maudit)!
Parfois atténué en «maudzine» ou «saudzi».

Ostie! / 'Stie!
Parfois atténué en «esti» et même en «ostinâtion».
Parfois enchaîné à «tabarnak» : «Ostie d'tabarnak!»

Sacrament!
Parfois précédé de «saint» : «être en saint sacrament».

Simonac!
Parfois précédé de «saint» : «être en saint simonac».

Tabarnak (tabernacle)!
Parfois atténué en «tabarnanne», «tabaslak», «tabar-
nouche» ou «tabarouette». Parfois précédé de «câliss» :
«Câliss de tabarnak!» Parfois précédé de «ostie» : «Ostie
d'tabarnak!»

Târieu!
Le târieu / La târieuse
Le salaud / La salope

Être en baptême, en calvaire, en criss, en tabarnak, etc.
Être en bâtard, en beau joualvert, en beau maudzi, en saint
sacrament, en târrieu, etc.
Être furieux

On notera par ailleurs que tous ces jurons, sans perdre de leur vulgarité, peuvent être utilisés par simple désir d'emphase, sans la moindre colère ni la moindre connotation négative (souvent bien au contraire) : «d'la maudzite bonne bouffe», «une criss de belle fille», «un esti d'bon gârs», «un ostie d'grosse côte», etc.

Réservons enfin la place qui lui revient à cette incontournable substance qui fait apparemment les délices de toutes les mauvaises langues de la terre, d'autant qu'elle entre dans les expressions les plus variées.

Merde!
D'la marde!
Tant pis!

Maudzite marde!
Comme c'est dommage! / Quelle honte! / Quelle malchance! / Ce que ça peut me faire chier!

T'é plein d'marde! / T'é don(c) bein mardeux!
Ce que tu peux être chanceux! / Ce que tu peux être orgueilleux / prétentieux!

T'é juss un plein de marde!
Tu racontes n'importe quoi!

Çé juss d'la marde!
Il a eu un coup de chance!

Ça vaut pâs d'la marde.
Ça ne vaut rien.

Chu dans marde jusqu'au cou.
J'ai vraiment beaucoup de problèmes. / J'ai plus de problèmes que je ne peux en résoudre.

Mange d'la marde!
Mon cul! / Va te faire voir!

Çé l'boutte d'la marde!
On aura tout vu!

Notez par ailleurs que, pour alléger la grossièreté, il arrive qu'on remplace, dans toutes ces expressions, le mot «marde» par «chnoutte».

MOTS INCONNUS AU QUÉBEC

Tous les termes qui suivent, courants en français européen, n'ont aucune résonance à l'oreille de la très grande majorité des Québécois, ou ne sont du moins que très rarement employés. Nous vous indiquons donc leurs équivalents pour que vous soyez sûr de bien vous faire comprendre.

blatte / cafard	coquerelle
blanchisserie	buanderie
caddie	poussette
chouchou	élastique pour les cheveux
cintre	support
droguerie	quincaillerie
encaustique	cire (à parquet / à meuble)
gendarmerie	poste de police
laque	fixatif / spré' nette
ouvreuse	(il n'y en a pas dans nos cinémas)
P.-V. (procès-verbal)	contravention / tickètt'
pain perdu	pain doré
pastèque	melon d'eau
PCV	frais virés
poncer	sâbler
potiron	citrouille
préservatif	condom
pressing	nettoyeur
PTT	bureau de poste
rutabaga	navet
serpillière	moppe
shamalo	mâshmâlo / guimauve
socquettes	petits bas courts
sopalin	essuie-tout
sparadrap	pla'stœrr [plaster] / diachylon

teinturier	nettoyeur
topinambour	inconnu au Québec
TTC	taxes incluses

Notez par ailleurs que si vous employez le mot «**fermer**» pour dire «fermer et verrouiller à double tour», vous risquez d'avoir quelques surprises. En effet, au Québec, «fermer» ne veut dire que cela et rien d'autre, de sorte que si vous demandez «As-tu bien fermé derrière toi?» et qu'on vous répond par l'affirmative, la porte peut très bien être fermée sans pour autant être verrouillée.

FAUX COUSINS

Il importe enfin de prendre connaissance d'un certain nombre de mots qui ont aussi bien cours au Québec qu'en Europe, mais qui revêtent parfois des sens complètement différents de part et d'autre de l'océan.

abreuvoir

On n'y mène pas les bêtes, mais les humains, puisqu'il s'agit d'une «fontaine».

achalandé

Nous donnons à ce mot le sens de «très fréquenté» ou «qui a une importante clientèle», et non celui de «bien fourni» ou «offrant un grand nombre d'articles» qu'on lui connaît en Europe.

adonner

Bien que ce mot conserve son sens habituel à la forme pronominale, il revêt aussi une forme impersonnelle dans des expressions telles que :

Ça adonne bein.
Ça tombe bien.

Ça t'adonnes-tsu d'y aller aujourd'hui?
Cela te convient-il si nous y allons aujourd'hui?

Ça s'adonne qu'y sont pâs venus.
Pour une raison ou une autre, ils ne sont pas venus.

Vous entendrez aussi «Y'é bein d'adon.» pour «Il est très serviable.»

affaire

Une affaire, chez nous, c'est volontiers une «chose» mal définie.

Cé quoi ç't'affaire-lâ?
De quoi s'agit-il?

Tsu parles dins n'affaire!
Quelle histoire!

V'lâ une bonne affaire de faite.
Voilà une bonne chose de faite.

Ç'pâs d'tes affaires.
Cela ne te regarde pas.

Y'ont pâs d'affaire lâ.
Ils / Elles n'ont pas à être là. / Ils / Elles ne devraient pas être là.

Ç't'ein n'affaire de rien.
Ce n'est rien. / Rien de plus facile / Cela ne me dérange nullement

Ç't'ein n'affaire de meurtre.
C'est une histoire de meurtre.

Pâs d'affaire!
Il n'en est pas question!

allure

On dira certes «avoir fière allure» et «filer à toute allure», mais vous entendrez aussi des constructions inusitées telles que :

À' pâs d'allure.
Elle n'a aucun jugement. / Elle n'a aucun savoir-vivre.

Ça' pâs d'allure.
Cela n'a aucun sens.
On dit d'ailleurs également «Ça' pâs d'bon sans (sens).» et «Ça' pâs d'sens.».

application

Bien que nous sachions tout comme vous travailler avec application, il nous arrive aussi d'avoir à :

Faire application (dans un bureau par exemple).
Faire une demande d'emploi.

Remplir une application.
Remplir un formulaire de demande d'emploi.

arracher

On dit très couramment «en arracher» dans le sens de «avoir du mal / de la difficulté».

bâs

S'applique aux bas de nylon, certes, mais aussi aux simples chaussettes. Avis à ces messieurs à qui un commis bien intentionné pourrait en proposer!

bloc

Tous les sens courants de ce mot nous sont connus, mais nous leur ajoutons :

«tête»
Avoir un mal de bloc.

«pâté de maisons» / «quadrilatère»
Faire le tour du bloc.

«rue»
Ç't'à deux blocs d'ici.

boisson / breuvage / liqueur
Là où vous diriez «boisson» («Quelle boisson désirez-vous?»), nous disons généralement «breuvage» («Qu'est-ce que vous allez prendre comme breuvage?»).

Nous réservons en effet le mot «boisson» aux «spiritueux» et le remplaçons même parfois par «fort» («Y'ont pâs d'fort icitte»).

Quant à la «liqueur», il s'agit chez nous d'une simple «boisson gazeuse».

bord
Outre ses sens courants, ce mot prend également chez nous ceux de :

«côté»
Su'l bord d'la maison.
D'l'aut' bord d'la table.

«camp»
Êtes-vous d'mon bord?
Êtes-vous dans mon camp?

«presque» / «sur le point de» / «près de»
Êt' su'l bord d'arriver.
Êt' su'l bord d'êt' malade.

«large» / «poudre d'escampette»
Prendre le bord.

brassière

N'en voulez surtout pas à la pauvre vendeuse qui, après vous avoir fait essayer une jupe ou un chemisier, vous demande si vous avez aussi besoin d'une «brassière». En effet, il ne s'agit pas là d'une façon sournoise de vous dire que vous avez l'air enceinte et que vous devriez songer à préparer votre layette, mais bien d'une simple tentative pour vous vendre un «soutien-gorge»!

bureau

Couramment employé pour désigner une «commode», un «secrétaire», une «table de nuit» et tout autre meuble de rangement ou d'appoint qu'on trouve généralement dans une chambre, comme dans «Vous laisserez vot' clé su'l bureau en sortant.».

cadre

Ce mot désigne bel et bien toute forme de cadre, mais aussi un «tableau», une «peinture» et toute autre image artistique ou commerciale encadrée ou laminée et accrochée au mur ou destinée à l'être.

caler

Pour tous les Québécois, «caler», c'est :

«enfoncer» / «s'enfoncer»
Caler dans' neige.
Caler dans' bwette (boue).
Ça cale.

«rabaisser» / «dénigrer»
Caler quelqu'un.

«perdre ses cheveux»
Y cale autant qu'son père.

«ingurgiter goulûment»
Caler une bière.

À ne pas confondre avec «**câler**» (*to call*), qui signifie «appeler» ou «annoncer».

Câler un set' cârré.
Annoncer les figures d'un quadrille.

Câler l'orignal.
À la chasse : reproduire le cri de l'orignal.
Au figuré : hurler.

camérâ
Outre la caméra de cinéma ou de télévision, c'est aussi le «caméscope» et le simple «appareil photo».

chaudière
Le sens qu'on donne le plus souvent à ce mot est celui de «seau».

claque
Au Québec, on ne se contente pas de donner des claques, on donne aussi, nuance, «la claque» au sens de «se donner à fond» (Ch'sé qu'té capab' de marquer un but; donnes-y à' claque.) ou de «s'y mettre sérieusement» (J'ai pâs encore eu l'temps d'entreprendre mon jardin, mais ça s'râ pâs long que j'vâ donner à' claque.)

Et si un marchand de chaussures veut vous refiler une paire de «claques», ne sortez surtout pas vos gants de boxe, car il veut seulement vous aider à protéger vos nouvelles pompes en vous vendant des caoutchoucs.

couvert / couverte
Le mot «couvert» désigne couramment un «couvercle».
Le mot «couverte», qui se prononce aussi «couvarte», désigne pour sa part une «couverture».

d'abord
Se traduit fréquemment par «si c'est comme ça», comme dans «J'irai pâs, d'abord.»

FAUX COUSINS

dactylo *(m/f)*

Rarement employé pour désigner celui ou celle qui l'utilise, il s'agit chez nous de la «machine à écrire».

débarquer

C'est aussi :

«descendre»
Débarquer de l'autobus.
Débarquer de la chaise (sur laquelle on était monté).

«se défaire» / «se déloger»
Sa chaîne de bécyk â débarqué.

«quitter» / «abandonner» / «cesser de faire partie de»
Débarquer d'un conseil d'administration.
Débarquer d'une équipe.

déjeuner / dîner / souper

Ne pas oublier qu'il s'agit respectivement du «petit déjeuner», du «déjeuner» et du «dîner», sous peine de manquer d'importants rendez-vous.

écarter

Vous ne saviez sans doute pas que ce verbe pouvait quelque part signifier «perdre» ou «égarer».

J'ai écarté ma mont'.
J'ai perdu ma montre.

On s'é t'écartés.
Nous nous sommes égarés.

Au figuré, on dira également «È pâs mal écartée.» dans le sens de «Elle est plutôt perdue.» ou «Elle est passablement confuse.»

échapper

Couramment employé seul pour «laisser échapper», comme dans «J'ai échappé mon couteau.».

écœurant

Aussi employé au sens de «fabuleux», «extraordinaire», «excellent», comme dans «Un écœurant d'bon show» ou «Ç'te chanteuse-là est écœurante.»

embarquer

C'est aussi :

«monter» (sur quelque chose ou dans un véhicule)
Embarquer sur une chaise.
Embarquer dans l'autobus.

«joindre les rangs»
Embarquer dans' police.
Embarquer dans une équipe.

«s'enthousiasmer»
J'y'en ai parlé, mais y'embarque pâs pantoute.

Je lui en ai parlé, mais il ne montre aucun enthousiasme pour la chose.

étudiant
En un mot, «élève», qu'il s'agisse d'un «écolier», d'un «cégépien» (qui fréquente un collège d'enseignement général et professionnel, ou cégep) ou d'un «universitaire».

fournaise
La «fournaise», c'est d'abord et avant tout la chaudière du système de chauffage central. Par extension, on parlera de la «chambre à fournaise» pour désigner la pièce ou la portion de pièce où se trouve la chaudière.

glace
Beaucoup plus qu'une friandise glacée ou une paroi de verre, ce sont des «glaçons» qu'on désire obtenir lorsqu'on demande «de la glace», à moins bien sûr qu'on ne fasse référence à une surface gelée.

guénille
Ce terme revêt chez nous deux sens qu'il ne semble pas avoir ailleurs :

«torchon»
Tout morceau de tissu utilisé pour frotter, nettoyer, laver, etc.
Pâsse-mwé une guénille.

«vêtements» (en lambeaux ou non)

À travaille dans guénille.

Elle travaille dans la confection des vêtements.

gosses (f)

Il ne s'agit en aucun cas des enfants, bien qu'elles soient essentielles à leur existence, puisqu'il est ici question des «testicules» (aussi appelées «chnolles»). Évitez donc à tout prix les énoncés du genre «Embrasse tes gosses pour moi.»

jâser / jâsette

Nous lui donnons couramment son sens vieilli de «causer», «bavarder», comme dans «As-tsu l'goût d'jâser?».

On dira aussi «piquer une jâsette» pour «bavarder un bon coup».

item

Employé à toutes les sauces, il peut aussi bien s'agir d'un «article» à vendre que d'un «élément» dans une énumération, d'un «poste» dans un bilan, d'un «point» à l'ordre du jour, d'une «rubrique» dans un rapport, d'un «sujet» ou d'une «question».

lumière

Aussi clair que puisse être le sens de ce mot, il importe de savoir qu'il élargit fréquemment son champ de compétence à l'«ampoule électrique» (La lumière est brûlée.) et au «feu de circulation» (Tourne à droite à' prochaine lumière.)

marche

Lorsqu'on «prend une marche» au Québec, c'est généralement qu'on «fait une promenade à pied».

Et lorsqu'une chose «marche», c'est généralement qu'elle
«fonctionne».

marquer

Selon le cas, il s'agira aussi de :

«écrire»
Dans sa let', à' pâs marqué où est-ce qu'ê'tait.
Dans sa lettre, elle n'a pas écrit où elle se trouvait.

«inscrire»
As-tsu marqué ton nom sa' liss?
As-tu inscrit ton nom sur la liste?

«noter»
J'm'en souviens pu, j'l'ai pâs marqué.
Je ne m'en souviens plus, je ne l'ai pas noté.

masse

En contrepartie de l'expression du Vieux Continent «Il n'y
en a pas des masses.», le Québec emploie «en masse» pour
dire :

«beaucoup»
Ça glisse en masse.

«suffisamment»

On â en masse de monde comme çé lâ.

misère

On dit très couramment «avoir d'la misère» dans le sens de «avoir du mal / de la difficulté».

mongol

Inutile, pour en trouver, de se rendre dans les steppes de l'Asie centrale, puisqu'il s'agit, au sens propre, d'un «mongolien» (trisomique) et, au figuré, d'un «écervelé», de quelqu'un qui se conduit comme un imbécile ou qui fait simplement le pitre.

occupation

Dans un contexte d'interrogation ou sur un formulaire, on trouve souvent «occupation» pour «profession» ou «métier».

offert

Rappelez-vous que, dans un environnement commercial, ce qui vous est «offert» vous est généralement «proposé» (contre paiement), et non «gracieusement offert».

pamphlet

Le Québec n'a pas de tradition pamphlétaire à proprement parler. Ainsi, lorsque vous entendez le mot «pamphlet», sachez qu'il s'agit pour ainsi dire toujours d'un «dépliant» ou d'une «brochure» informative.

pancarte

Beaucoup plus qu'en Europe, ce terme recouvre sans problème les sens les plus variés, de l'«écriteau» à l'«enseigne», en passant par l'«affiche», le «placard» et le «panneau-réclame».

par exemple

Curieusement employé, outre son sens habituel, en remplacement de «par contre», comme dans «J'va t'dzire quelque chose, mais j'veux pâs qu'tsu l'répète par exemple.»

parade

Une «parade», chez nous, c'est invariablement un «défilé», quelle qu'en soit la nature, comme dans «La parade du père Noël».

passer

«Pâsse-moi un 20.» sonne peut-être comme «Passe-moi le sel.», mais sachez que si vous accédez à la requête de votre interlocuteur, il gardera votre billet de 20 dollars beaucoup plus longtemps que le sel, soit le temps qu'il ait la possibilité ou les moyens de vous rembourser. Dans ce contexte comme dans bien d'autres, «passer» est en effet synonyme de «prêter».

pèter

Outre les sens colorés que vous lui connaissez déjà, nous lui en prêtons quelques-uns de notre cru, tels que :

Être pèté / sauté.
Être excentrique.
Dépasser les bornes.

Vâ don(c) pèter dins fleurs!
Va te faire voir!
Va donc voir ailleurs si j'y suis!

On â complètement pèter l'budget.
Nous avons complètement dépassé le budget.

Pèter plus haut que l'trou.
N'être qu'un pèteux de broue.
Péter plus haut que son cul.

Se pèter à' margoulette.
Se casser la gueule.

piler

Un sens inusité de «piler» au Québec est celui de «marcher sur», comme dans «Pile pâs su'l gâzon.»

piton / pitonner / pitonnage

Oubliez les clous, les vis, la montagne et l'alpinisme; un «piton», c'est un «bouton» sur lequel on appuie pour déclencher un mécanisme ou pour faire fonctionner un appareil, comme dans «Pèse su'l piton.»

Il en découle que «pitonner», c'est appuyer sur des boutons ou des touches de manière successive, comme dans «Y pâsse son temps à pitonner sur l'ordinateur.», cette action en soi pouvant être qualifiée de «pitonnage».

On emploie par ailleurs le mot «piton» dans une expression où les boutons n'ont rien à voir, soit :

Être de bonne heure su'l piton.
Se lever tôt.
Être prompt à se mettre au travail.

planche
Entre dans l'expression «À' planche» pour signifier «à fond», comme dans «Si j'veux réussir mon examen, vâ faloir que j'étudie à' planche.»

portique
Nous ne lui connaissons guère d'autre définition que celle de «vestibule» ou «hall d'entrée».

position
Position sociale, bien sûr, comme à peu près toutes les autres positions que vous connaissez, mais aussi, de façon plus spécifique :

«poste» / «emploi»
J'ai perdu ma position.

«situation» / «posture»
Y'é dans une mauvaise position.
Il est en mauvaise posture.

pratique / pratiquer

Une «pratique», c'est d'abord et avant tout une «séance d'entraînement», de sorte que «se pratiquer» veut dire «s'entraîner», «s'exercer». Quant au «coup de pratique», il s'agit conséquemment d'un «coup d'essai».

préservatif

Là où l'idée d'utiliser un «préservatif» vous vient spontanément à l'esprit, nous songeons plutôt au «condom».

Par contre, si l'on vous parle de «préservatif» au restaurant ou à l'épicerie, n'allez pas vous faire d'idées, car il s'agit vraisemblablement d'un «agent de conservation».

râser

Vous n'aurez aucun mal à comprendre que nous prêtions à ce mot le sens de «passer près», aussi bien au sens propre qu'au figuré.

Ch'te dzi qu'ça' râsé! / Ch'te dzi qu'ça' pâssé proche!
Il était moins une! / Un pas de plus et ça y était! / Le projectile l'a raté de bien peu! / Cela a bien failli se produire!

Y'â râsé d'venir.

Il a failli venir. / Il a presque réussi à se libérer. / N'eût été d'un empêchement de dernière minute, il serait venu.

rejoindre

Comme pour bien d'autres de ses congénères, il suffit de lui retirer son «re» initial pour comprendre ce qu'il veut nous dire :

As-tsu réussi à le r'joindre?
As-tu réussi à le joindre?

J'ai bein d'la misère à r'joindre les deux bouts.
J'ai beaucoup de mal à joindre les deux bouts.

rendu

Quand on est «rendu», c'est qu'on est «arrivé» (à destination). Par contre, on dira aussi «Y'é rendu 5 heures» dans le sens de «Comme le temps a filé! Il est déjà 5 heures!»

rentrer

Un autre qui se donne des «r»! En effet, «rentrer», c'est bien souvent tout simplement «entrer», comme dans «J'ai pâs réussi à rentrer dans l'magasin, y'avait trop de monde.»

sauver

Sauver de l'argent, c'est en «économiser».
Sauver de l'espace ou du temps, c'est en «gagner».

séraphin

Oubliez les charmants petits anges, et songez plutôt à un vieux pingre.

serrer

Dieu sait pourquoi nous préférons «serrer» les choses plutôt que de les «ranger». Cela dit, Proust «serrait» lui-même des choses dans sa commode au début du siècle.

suce / sucette / suçon

La «suce», c'est la «sucette» ou la «tétine» de bébé qui, lorsqu'il grandira, préférera sans doute ces friandises sur bâtonnet que vous désignez également du nom de «sucette» alors que nous disons plutôt «suçon», et ce, sans allusion aucune aux ecchymoses provoquées par cette autre forme de «suçon» que notre chérubin recevra beaucoup plus tard de son amoureux ou de son amoureuse (et que nous appelons «sucette»)!

tour

Un «tour», généralement organisé, c'est une «excursion».

traite

L'inspiration nous vient ici de l'anglais (*to treat*) et de nulle part ailleurs.

Payer la traite à quelqu'un.
Offrir une tournée.

Se payer la traite.
Se faire plaisir.

tuile

Bien loin du toit, on la retrouve ici par terre! Il s'agit en effet du «carrelage» («marcher sa' tuile») ou de chaque «carreau» individuel qui le compose («Y viennent juss de poser des tuiles dans' leur cuisine.»).

ustensiles

Alors qu'il s'agit pour vous des récipients et accessoires servant à faire la cuisine (ustensiles de cuisine), il s'agit pour nous des couverts individuels permettant de la déguster (ustensiles de table, plus précisément couteau, fourchette, cuillère).

vadrouille / moppe

La «vadrouille» québécoise est en fait un «balai à frange», tandis que la «moppe» [*mop*] n'est autre que la «vadrouille» utilisée pour laver le pont des navires, remplacée par la serpillière dans les demeures européennes.

vente

Lorsqu'un article est affiché ou annoncé «en vente», c'est qu'il est «en solde».

Cela dit, vous entendrez aussi «vente de trottoir» (braderie) et «vente de garage», par laquelle un individu ou une famille met en vente toutes sortes d'articles dont il ou elle désire se départir à bon prix, le plus souvent devant l'entrée de son garage.

INDEX

INDEX

174

INDEX

182

INDEX

185

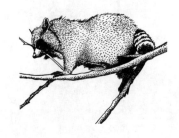

Bon de commande Ulysse

Guides de voyage

☐	Abitibi-Témiscamingue et Grand Nord	22,95 $	135 FF
☐	Arizona et Grand Canyon	24,95 $	145 FF
☐	Belize	16,95 $	99 FF
☐	Boston	17,95 $	89 FF
☐	Calgary	16,95 $	99 FF
☐	Californie	29,95 $	129 FF
☐	Canada	29,95 $	129 FF
☐	Cape Cod – Nantucket – Martha's Vineyard	17,95 $	89 FF
☐	Charlevoix – Saguenay – Lac-Saint-Jean	22,95 $	135 FF
☐	Chicago	19,95 $	99 FF
☐	Côte-Nord – Duplessis – Manicouagan	22,95 $	135 FF
☐	Cuisine régionale au Québec	16,95 $	99 FF
☐	Disney World	19,95 $	135 FF
☐	Floride	29,95 $	129 FF
☐	Gaspésie – Bas-Saint-Laurent – Îles-de-la-Madeleine	22,95 $	99 FF
☐	Gîtes et Auberges du Passant au Québec	14,95 $	89 FF
☐	Guadeloupe	24,95 $	99 FF
☐	Haïti	24,95 $	145 FF
☐	Hawaii	29,95 $	129 FF
☐	Hôtels et bonnes tables du Québec	17,95 $	89 FF
☐	Huatulco et Puerto Escondido	17,95 $	89 FF
☐	Jamaïque	24,95 $	150,80 FF
☐	La Nouvelle-Orléans	17,95 $	99 FF
☐	Las Vegas	17,95 $	89 FF
☐	Lisbonne	18,95 $	79 FF
☐	Louisiane	29,95 $	129 FF
☐	Los Angeles	19,95 $	99 FF
☐	Martinique	24,95 $	99 FF
☐	Miami	18,95 $	99 FF
☐	Montréal	19,95 $	99 FF
☐	Montréal pour enfants	19,95 $	117 FF
☐	New York	19,95 $	99 FF
☐	Nouvelle-Angleterre	29,95 $	129 FF
☐	Ontario	27,95 $	129 FF
☐	Ottawa – Hull	14,95 $	89 FF
☐	Ouest canadien	29,95 $	129 FF
☐	Ouest des États-Unis	29,95 $	129 FF
☐	Phoenix	16,95 $	89 FF
☐	Plages du Maine	12,95 $	70 FF
☐	Porto	17,95 $	79 FF
☐	Portugal	24,95 $	129 FF
☐	Provence – Côte d'Azur	29,95 $	99 FF
☐	Provinces atlantiques du Canada	24,95 $	129 FF
☐	Le Québec	29,95 $	129 FF
☐	Québec et Ontario	29,95 $	129 FF

Guides de voyage

- ☐ Saint-Martin – Saint-Barthélemy   17,95 $ 91,77 FF
- ☐ San Diego   17,95 $ 89 FF
- ☐ San Francisco   17,95 $ 99 FF
- ☐ Seattle   17,95 $ 99 FF
- ☐ Toronto   18,95 $ 99 FF
- ☐ Tunisie   27,95 $ 129 FF
- ☐ Vancouver   17,95 $ 89 FF
- ☐ Venezuela   29,95 $ 129 FF
- ☐ Ville de Québec   17,95 $ 89 FF
- ☐ Washington, D.C.   19,95 $ 99 FF

Espaces verts

- ☐ Cyclotourisme au Québec   22,95 $ 99 FF
- ☐ Cyclotourisme en France   22,95 $ 99 FF
- ☐ Motoneige au Québec   22,95 $ 99 FF
- ☐ Le Québec cyclable   19,95 $ 99 FF
- ☐ Le Québec en patins à roues alignées   19,95 $ 99 FF
- ☐ Randonnée pédestre Montréal et environs   19,95 $ 129 FF
- ☐ Randonnée pédestre Nord-Est des États-Unis   22,95 $ 129 FF
- ☐ Ski de fond au Québec   22,95 $ 110 FF
- ☐ Randonnée pédestre au Québec   22,95 $ 129 FF

Titre	Qté	Prix	Total

Nom :	Total partiel	
	Port	4$/16FF
Adresse :	Total partiel	
	Au Canada TPS 7%	
	Total	
Tél : Fax :		
Courriel :		
Paiement : ☐ Chèque ☐ Visa ☐ MasterCard		

Guides de voyage Ulysse
4176, rue Saint-Denis
Montréal (Québec) H2W 2M5
☎(514) 843-9447
sans frais ☎1-877-542-7247
Fax : (514) 843-9448
info@ulysse.ca

En Europe:
Les Guides de voyage Ulysse, SARL
BP 159
75523 Paris Cedex 11
☎01.43.38.89.50
Fax : 01.43.38.89.52
voyage@ulysse.ca

Consultez notre site : www.guidesulysse.com